Gertrude Pressburger war zehn, als Hitler in Österreich einmarschierte. Obwohl die jüdische Familie katholisch getauft worden war, musste sie fliehen. Fast sechs Jahre dauerte die Flucht, die 1944 in Auschwitz endete. Gertrude überlebte den Holocaust – ihre Eltern und die zwei jüngeren Brüder wurden von den Nationalsozialisten ermordet. Jahrzehntelang hat Gertrude Pressburger geschwiegen. Dass ein maßgeblicher Politiker in Österreich 2016 von einem drohenden Bürgerkrieg spricht, hat sie bestürzt. Per Videobotschaft warnte sie vor einer Rhetorik der Extreme. Dass ihre wahrhaftigen Worte Gehör finden, hat sie bestärkt, gemeinsam mit einer jungen Journalistin ihre Autobiographie zu schreiben: »Ich bin nicht zurückgekommen, um dasselbe noch einmal zu erleben.«

GERTRUDE PRESSBURGER, geboren 1927, wurde mit ihrer Videobotschaft im österreichischen Bundespräsidentschaftswahlkampf 2016 einer großen Öffentlichkeit bekannt.

MARLENE GROIHOFER, geboren 1989, ist Journalistin. Für ihre Radiosendung über Gertrude Pressburger wurde sie mehrfach ausgezeichnet, u.a. mit dem Prälat Leopold Ungar-Preis 2016, dem Dr. Karl Renner Publizistikpreis 2016, sowie dem New York Festivals International Radio Awards 2017 – Gold.

GERTRUDE PRESSBURGER

GELEBT, ERLEBT, ÜBERLEBT

Aufgezeichnet von
Marlene Groihofer

Mit einem Nachwort von
Oliver Rathkolb

btb

Verlagsgruppe Random House FSC® N001967

1. Auflage
Genehmigte Taschenbuchausgabe August 2019
btb Verlag in der Verlagsgruppe Random House GmbH,
Neumarkter Straße 28, 81673 München
Copyright © Paul Zsolnay Verlag Wien 2018
Lizenzausgabe mit freundlicher Genehmigung des
Paul Zsolnay Verlages Wien
Umschlaggestaltung: semper smile, München,
nach einem Entwurf von Anzinger und Rasp, München
Umschlagfotos: © Lukas Beck
Satz: Eva Kaltenbrunner-Dorfinger, Wien
Druck und Einband: GGP Media GmbH, Pößneck
JT · Herstellung: sc
Printed in Germany
ISBN 978-3-442-71793-4

www.btb-verlag.de
www.facebook.com/btbverlag

MEINER FAMILIE

In Liebe unvergessen

Es gibt Nächte, in denen fällt es mir schwer, einzuschlafen. Ich glaube, das passiert, weil ich tagsüber nicht ausgelastet bin, denn früher habe ich das nicht gehabt. Dann lege ich mich um elf Uhr abends ins Bett und schlafe um eins immer noch nicht, werde um drei Uhr wieder munter und liege bis vier wach. Meiner Cousine geht es ähnlich, sie steht dann auf und fängt an, die Fenster zu putzen. Mich macht es nicht nervös, wenn ich nicht schlafen kann. Ich bleibe liegen und döse, gebe meinem Körper die Möglichkeit, sich auch ohne Schlaf zu erholen, und das Liegen beruhigt meine Kreuzschmerzen.

Manchmal, wenn ich so daliege, teste ich mich selbst. Belanglose Worte fallen mir ein, und ich versuche, sie in andere Sprachen zu übersetzen. Wie heißt »Kind« auf Kroatisch? Wie weit kann ich auf Schwedisch noch zählen? Wie weit auf Italienisch? In wie vielen Sprachen kann ich »Ich liebe dich« sagen? Das probiere ich aus, mit geschlossenen Augen, während ich in die Finsternis hineinhorche und darauf warte, dass der Schlaf zurückkommt. Früher hat uns mein Vater auf die Idee zu solchen Spielereien gebracht. Heute haben die Kinder Spielsachen – wir hatten Wörterketten und »Stadt, Land, Fluss«.

Und dann, plötzlich, taucht in der Nacht noch anderes auf: Szenen von früher zögern den Schlaf hinaus. Szenen, von denen ich oft gar nicht weiß, dass ich sie noch weiß. Auf einmal sind sie da, glasklar.

»Gerti, du wäschst das Geschirr ab, Heinzi, du übernimmst das Abtrocknen«, sagt meine Mama. Wir stehen mit ihr in der Küche, ich und mein um drei Jahre jüngerer Bruder. Dann gehen die Eltern, und wir bleiben allein daheim. Mein Bruder will die Aufgaben tauschen, es passt ihm nicht, dass er abtrocknen soll: »Ich will abwaschen.« »Nein«, sage ich, »du planscht da nicht im Wasser herum.« Ich kremple meine Ärmel hoch, hebe den Kessel mit dem heißen Wasser vom Haken über dem offenen Kamin und stelle ihn in die Abwasch aus grauem Beton. Einen Teller nach dem anderen tauche ich ins warme Wasser und schrubbe ihn mit einem Fetzen ab. Sorgfältig staple ich die Teller anschließend neben dem Becken übereinander. »Beeil dich ein bisschen«, sage ich zu meinem Bruder, der immer noch neben mir steht und schaut. »Nur wenn ich mit dem Teller anfangen kann, den du als Erstes abgewaschen hast«, sagt Heinzi. Ich erkläre ihm, dass das nicht geht, weil der erste jetzt ganz unten liegt und er den obersten zuerst abwischen muss, da zieht er zornig den untersten hervor, worauf die Teller umkippen, hinunterfallen und alle auf einmal am Küchenboden zerbrechen. Schimpf kriege natürlich ich, als die Eltern später heimkommen, schließlich bin ich die Ältere, die vernünftig sein hätte müssen.

Da sehe ich meinen Bruder vor mir, wie er auf einmal ganz entsetzt ist über sich selbst und wie leid ihm die Sache tut. Dass ihm das passieren hat können. »Das wollte ich nicht, das wollte ich nicht.« Er weint sowieso sehr schnell, und jetzt rinnen dicke Tränen seine Wangen herunter, als er kommt, um sich bei mir zu entschuldigen: »Sei mir nicht bös, bitte. Ich wollte dir nicht schaden.«

So liege ich in meinem Bett und denke an meine Familie,

ganz für mich allein, wie ich es immer mache, seit über siebzig Jahren. Meist fallen mir lustige Situationen ein oder Momente inniger Gefühle. Oft überlege ich, wie meine Brüder heute aussehen könnten. Ich kann sie mir einfach nicht als alte Männer vorstellen.

Es knackst, irgendwo in der Dunkelheit meines Schlafzimmers, vielleicht sind es die in die Jahre gekommenen Hausmauern oder die Bretter im Kleiderkasten. Nichts, was mich stören würde.

Da ist meine Mutter, mit Migräne in einem Hotel in Genua, und ein zaubernder Immigrant, der sie vom Kopfweh befreit. Mein mittlerer Bruder mit einem riesigen Sonnenbrand beim Fischen am Gardasee. Mein Vater, der Obstknödel kocht, die hart sind wie Stein. Der Kleine bei mir unter der Tuchent, obwohl ich Scharlach habe.

Nicht mehr lang, dann fängt es draußen an zu dämmern. Gerade will ich den Schlaf gar nicht zurück. Gerade lasse ich meine Gedanken zu und genieße, dass ich noch so tief dabei empfinden kann.

Wenn ich mich umdrehe, kann ich von meinem Sessel aus durchs Fenster in den Innenhof sehen. Ein paar junge Bäume stehen auf einer Rasenfläche, die zu dieser Jahreszeit grau-braun statt grün ist, daneben verläuft ein schmaler gepflaster-ter Weg. »Letztens hat dort ein kleines Kind mit seiner Mutter die ersten Schritte geübt«, sagt Frau Pressburger, »ich bin am Fenster gestanden, und wir haben einander zugewinkt.« Sie lacht. Von ihrem Platz aus hat sie den Gartenbereich direkt im Blick. Wir sitzen uns gegenüber, an einem Tisch in ihrer Wie-ner Wohnung. Es ist ein Wintertag zu Jahresbeginn, und das digitale schwarze Kästchen neben mir im Regal zeigt kurz nach elf Uhr. »Früher geht es bei mir nicht«, hat mir Frau Pressbur-ger am Telefon gesagt, »ich brauche ein bisschen, bis ich in der Früh in die Gänge komme.«

»Wissen Sie schon, was Sie zu Mittag vom Chinesen bestel-len wollen?«, fragt sie mich und nimmt ein Stück Papier zur Hand. Ich nicke. »Mango-Ente« notiert sie sich mit blauem Kugelschreiber, während ich meine Kopfhörer und das Mikro-fon aus dem Rucksack hole. Dann schiebt sie den kleinen Zettel zur Seite und legt ihre Hände startbereit auf die dunkle Tischplatte. »Bitte stoppen Sie mich, wenn ich etwas erzähle, das Sie nicht brauchen können«, sagt sie, »damit wir nicht ins Wischiwaschi kommen.« Von ihrer Teetasse schaut mir ein rosa Elefant entgegen. »Keine Sorge, Sie sind niemand, den man unterbrechen muss«, sage ich. Und dass ich ja gekommen sei, um zuzuhören. Ich ziehe mein Handy aus der Hülle, bringe das Flugzeugsymbol zum Leuchten und lasse meinen Blick kurz durchs Wohnzimmer wandern. Ein dunkelbrauner Einbauschrank steht hier, ein Sofa und der Tisch, an dem wir sitzen. Gleich nebenan liegt die Küche, durch die man ins Bad gelangt, und zwei Türen weiter muss das Schlafzimmer sein. Seit bald sechzig Jahren wohne sie schon in diesem Gemeindebau, sagt Frau Pressburger. Seitdem ihr Mann gestorben ist, lebt sie hier allein. »Einfache Speisen kann ich mir nach wie vor selbst zubereiten«, erzählt sie, »aber das Einkaufen nimmt mir jede Woche mein Schwiegersohn ab.« Nun klappe ich mein Notizbuch auf und schalte das Aufnahmegerät ein. »Sie unterbrechen aber bitte das Interview, wenn es Ihnen zu viel wird«, sage ich. Frau Pressburger nickt, ihr Blick ist wach: »Natürlich. Da brauchen Sie keine Angst zu haben, ich bin ganz eine Direkte.«

1. KAPITEL

DIE ERSTE, DIE IM BAUMWIPFEL SITZT

Es gibt Straßen in Wien, die betrete ich nicht. Nie würde ich hinter dem Schloss Schönbrunn von der Altmannsdorfer Straße in die Belghofergasse abbiegen. Nie würde ich durch die Wehlistraße zur Donau spazieren. Ich schaffe es nicht. Heute bin ich sowieso zu schlecht zu Fuß dafür. Mein Rückgrat ist verschoben, die Nerven machen im Kreuz einen Bogen, und der Knochen drückt schmerzhaft darauf. Um ein Stück zu gehen, brauche ich meinen Rollator oder den Arm meiner Tochter, und bald muss ich mich wieder setzen. Aber auch früher war ich ganz bewusst nie dort. Seit siebzig Jahren meide ich die Orte meiner Kindheit in Wien. Von meinem Mann weiß ich, dass es die Absperrung nicht mehr gibt, durch die wir Kinder in der Wehlistraße immer zum Donauufer hinuntergeschlüpft sind. Ich weiß auch, dass am Khleslplatz vor meiner Volksschule schon lange kein Zirkus mehr gastiert, weil die Wiese weg ist und dort jetzt ein Haus steht. Aber ich kann unmöglich bis in unsere Straßen gehen, vor unseren Wohnhäusern stehen und mir denken, ja, da haben wir gelebt, mit Mama und Papa. Ein einziges Mal bin ich mit dem Auto durch die Belghofergasse gefahren. Durch die Scheiben habe ich die Fenster unserer Wohnung gesehen, jener Wohnung, in der wir gelebt haben, bis ich zehn Jahre alt war. Ausgestiegen bin ich nicht. Ich will nicht, dass Erinnerungen auftauchen. Und ich will niemandem begegnen. Unser Familienleben, das war einmal. Schneewittchen geht man nicht suchen.

Heute müssen unsere Nachbarn von damals längst ge-storben sein. Auch die, die meine Mutter fast umgebracht hätten.

Ich kann mich noch genau erinnern: Meine Mama steht im Innenhof unseres Wohnhauses in der Belghofergasse und hängt die Wäsche auf. Die Hemden vom Papa, die klei-nen Söckchen meines Bruders, meine Kleider. Da schleudert aus einem oberen Stockwerk plötzlich jemand eine guss-eiserne Pfanne in ihre Richtung. Zufällig löst sich in die-sem Moment ein Wäschestück von der Leine. Meine Mutter bewegt sich ein Stück zur Seite, fängt es auf, damit es nicht zu Boden fällt, und befestigt es mit einer Wäscheklammer. Ganz knapp verfehlt die Pfanne ihren Kopf und landet im Gras, nur wenige Zentimeter von ihr entfernt. Schneeweiß ist sie im Gesicht, als sie zurück in die Wohnung kommt und erzählt, was passiert ist. Ein antisemitischer Anschlag im Jahr 1937. Ich weiß nicht, wer von unseren Nachbarn es war und ob meine Eltern es gewusst haben. Ich weiß nur, dass sie beschließen, dass wir umziehen: »Denn jetzt wird es lebens-gefährlich.«

In diesem Gebäude in Wien-Meidling, in dessen Hof der Pfannen-Angriff stattfindet, wohnen wir, seit mein um drei Jahre jüngerer Bruder Heinzi auf der Welt ist. Vor unserem Wohnhaus hier im Südwesten der Stadt liegt ein schmaler Vorgarten, rundherum gibt es eine Grünanlage, und drei Häuser weiter ist alles noch unverbaut. Die Einzigen, die vorbeikommen, sind die »Pracker«, Obstverkäufer mit ihren Holzkarren. Und Lavendelfrauen sind unterwegs, singend ziehen sie die Straße entlang: »An Lavendel homma do, wer kauft an o.« Man kauft ihn und hängt ihn sich in den Klei-derkasten. Unsere Wohnung liegt im Souterrain, und um zur

Eingangstür zu kommen, muss man durch den Vorgarten, dann ums Haus herum und ein paar Stufen hinunter. Wir haben eine große Wohnküche mit einem gemauerten Herd, den wir mit Holz heizen, und einem Ecktisch samt Bank, um den wir bei den Mahlzeiten schweigend sitzen, denn »beim Essen spricht man nicht«, sagt der Papa. Durch unsere Küchenfenster schaut man auf die Straße, ich jedoch nicht einmal auf Zehenspitzen, denn sie liegen hoch, und wir Kinder sind klein. Im Zimmer nebenan schlafen wir alle zusammen: Heinzi und ich in einem Einzelbett, der Kleine bei den Eltern.

Bei meiner Geburt am 11. Juli 1927 lebten meine Eltern noch in einem Kabinett. Nicht einmal einen Herd gab es dort im zwanzigsten Bezirk, meine Mutter kochte auf einem Spirituskocher. Erst als das zweite Kind da war, konnten sie in Meidling unsere Zimmer-Küche-Wohnung bekommen. Dass antisemitische Anfeindungen unsere Familie wenige Jahre später zum Umziehen zwingen werden, ahnen sie Anfang der 1930er Jahre noch nicht.

Der Heinzi heißt eigentlich Heinrich Peter, ist drei Jahre jünger als ich und ein bisschen eine »Zezn«: Das schmeckt mir nicht, das kann ich nicht, das mag ich nicht. Meine Eltern wollten ihn ursprünglich Heinz nennen, aber das gilt im Österreich meiner Kindheit nicht als vollständiger Vorname. Wir witzeln oft, dass er ein verpatztes Mädchen ist. Er ist eher wehleidig, sehr introvertiert und sehr gescheit. Ein ausgesprochenes Talent fürs Zeichnen hat er, malt wirklich wunderschön, ist eine richtige Naturbegabung. Mit Bleistift und Papier kann er sich stundenlang beschäftigen. Einmal zeichnet er eine Kirche, so fein und exakt, dass man glauben könnte, man habe ein Foto vor sich. Der Pfarrer ist begeistert

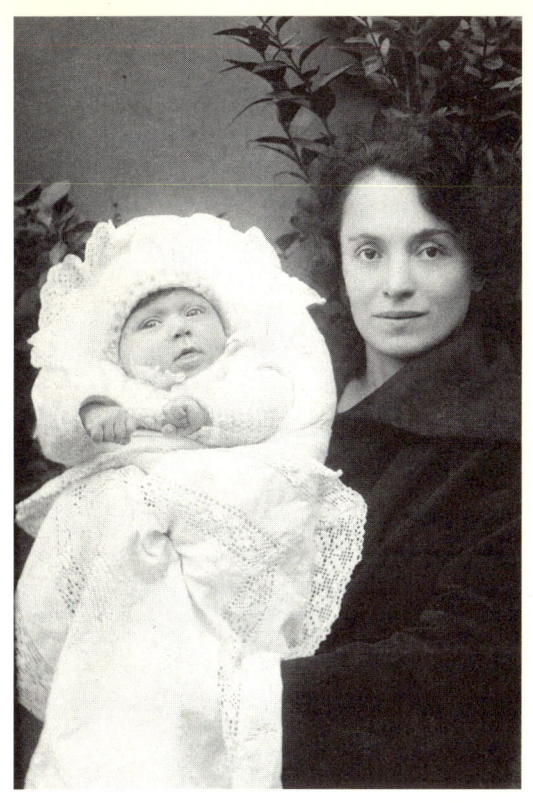

Gertrude und ihre Mutter, 1927

Gertrude und Heinzi mit der Mama,
Schönbrunn 1932

und hängt das Bild in die Sakristei. Heinzi ist sehr fleißig und lernt mit Begeisterung. Das Spielen mit anderen Buben liegt ihm weniger. Wir sind schon etwas älter, da wartet er nach der Schule manchmal auf mich. Ich drücke ihm meine Schultasche in die Hand, er läuft damit heim, und ich gehe für ihn mit den Buben raufen.

Als ich sieben bin und Heinzi vier, kommt der Kleine auf die Welt: »unser« Kind. Denn Heinzi und ich haben ihn uns selber ausgesucht. Bis zuletzt noch erledigt die Mama im Jahr 1934 hochschwanger den Haushalt. Mit der Straßenbahn fährt sie ins Spital, als die Wehen einsetzen, und entbindet fast schon auf den Stiegen, so schnell geht es. »Kommt mit, ihr dürft euch ein Kind aussuchen«, sagt der Arzt, als wir unsere Mutter im Krankenhaus in der Klosterneuburger Straße besuchen. Sie liegt allein in ihrem Bett, und wir haben den Neuankömmling noch nicht gesehen. Der Arzt führt Heinzi und mich über den Gang und öffnet leise die Tür zu einem schmalen länglichen Zimmer. Mehrere Säuglinge sind hier in kleinen Bettchen nebeneinander untergebracht. Der erste streckt die Ärmchen in die Höhe. Er ist sehr dünn. Heinzi und ich schauen uns an und schütteln den Kopf. Nein, den wollen wir nicht. Das zweite Kind weint. Nein, das gefällt uns auch nicht. Überhaupt gefällt uns keines, bis wir zum letzten kommen. Fünf Kilo wiegt es und hat darum ein vollkommen glattes Gesicht, nichts ist verdrückt. »Den wollen wir«, sagen wir, und der Arzt hebt den Kleinen behutsam aus dem Bettchen. Er sieht tatsächlich so aus, als würde er lachen, obwohl er das ja noch gar nicht kann. »Schauts, das ist ein richtiger Lump, der lacht, wenn man ihn rausnimmt«, freut sich der Arzt. »Herr Doktor, der ist höchstens ein Lumpi, aber kein Lump«, korrigiert ihn die Krankenschwester. Und damit hat der Kleine seinen Namen. Josef Ernst taufen ihn meine Eltern, doch alle nennen ihn Lumpi. »Waren wir blöd, dass wir dich im Krankenhaus ausgesucht haben«, schimpfen Heinzi und ich den Kleinen, wenn er wieder einmal schlimm ist.

Als er schon älter ist, besuchen wir in Mödling eine Ausstellung. Kaum angekommen, versteckt der Kleine sich hinter der nächsten Ecke. »Lumpi, Lumpi«, rufen wir. Da kommt eine Frau auf uns zu, sehr verärgert: »Sie wissen aber, dass Hunde hier verboten sind!« Mein Bruder saust aus seinem Versteck hervor und stellt sich kerzengerade vor sie hin: »Der Lumpi, das bin ich. Und ich bin sicher kein Hund.« Noch heute sehe ich ihn vor mir, den blonden, robusten, kernigen Buben. »So einen Sohn habe ich mir immer gewünscht«, sagt der Papa. Und: »Eigentlich schaut er aus wie der typische Hitlerjunge.« Unsere Mutter hat nach dem Lumpi auf jeden Fall genug vom Kinderkriegen: 1,90 Kilogramm habe ich bei der Geburt gewogen, Heinzi dann schon über zwei und der Kleine stolze fünf. »Noch ein schwereres kann ich nicht mehr auf die Welt bringen«, sagt sie. Dafür, dass sie so zart ist, hat sie ohnehin ein sehr gebärfreudiges Becken.

Beim dritten Kind hat sich auch mein Vater an den Anblick eines Neugeborenen gewöhnt. Meine Geburt hat ihn noch recht entsetzt: »Dass ein Baby so ausschaut!« Ich war das erste, das er je gesehen hat. »Am Anfang warst du nicht so schön, aber du bist immer hübscher geworden«, sagt er. »Und heute bin ich eine Schönheit«, scherze ich.

Der Kleine ist erst ein paar Wochen alt, als unser Vater das Baby einpackt und mit ihm spazieren geht. Er stellt den Kinderwagen am Gehsteig ab und will das Tor zum Vorgarten zusperren, da gerät der Wagen plötzlich ins Rollen, fährt über den Randstein und kippt um. Zum Glück landet erst die Decke auf dem Boden, darauf der Kleine selbst und wie eine Käseglocke darüber der Wagen. Alles gutgegangen. Trotzdem ist es eine Sensation, als unser Vater später schildert, was sich zugetragen hat. Dass dem Papa so etwas passiert! Ihm, unserem großen Vorbild. Heinzi und ich können es gar nicht fassen.

Heinzi ist unser Gelehrter, Lumpi ist der Robuste, und ich stehe in der Mitte. Mit dem einen lerne ich, mit dem anderen raufe ich. Als sich meine Eltern in der Schule nach mir erkundigen, sagt die Lehrerin: »Während der Stunde ist sie die Bravste, die ich in der Klasse habe, aber sobald die Glocke läutet, ist sie die Erste, die auf einem Baum sitzt.« Ich bin keine sehr Ruhige. Was Eltern und Lehrer von mir verlangen, befolge ich, sonst lasse ich mir nicht gern etwas sagen. Ich habe meinen eigenen Kopf. Mein Selbstbewusstsein hat mir der Papa beigebracht. »Lasst euch nicht unterkriegen«, ist einer seiner wichtigsten Sätze, das lebt er selbst und fordert er auch von uns Kindern. »Halt hoch den Kopf, was dir auch droht, und werde nie zum Knechte«, schreibt er Anfang 1938 mit schwarzer Tinte in mein Stammbuch.

Gertrude heiße ich, weil niemand sonst in der Verwandtschaft so heißt. Meine Mutter wollte nicht, dass es Aufregung unter den Damen gibt, dass gefragt wird, warum ich nach der benannt wurde und nicht nach jener. »Nur Trude darf niemand zu ihr sagen«, hat die Mama festgelegt, das war ihre Bedingung. Trude hat ihr nicht gefallen. Die dunkle Augenfarbe habe ich von ihr geerbt, die klaren Gesichtszüge vom Vater, und vom Charakter her bin ich dem Kleinen am ähnlichsten. »Gerti«, schreit der Lumpi, wenn ihm etwas wehtut, nicht »Mama«. Wir zwei hängen besonders aneinander. Neid kennen wir keinen unter den Geschwistern, auch gestritten wird nicht oft, aber die Rolle der Ältesten ist nicht immer einfach für mich. Stellen die Brüder etwas an, muss ich dafür geradestehen, denn ich »hätte ja aufpassen müssen«. Ich traue mich nicht, meinem Vater zu widersprechen, und so ist es gut, dass die Mama mir viel erklärt: warum es wichtig ist, dass ich vernünftig bin, oder dass der Papa viel Verantwortung hat und darum nervös ist.

Wenn uns die Mama zum Frühstück ein Schmalzbrot schmiert, ist der Papa schon weg, er muss zu Fuß zur Arbeit oder zumindest ein ordentliches Stück bis zur Straßenbahn gehen. Wo genau er arbeitet, weiß ich nicht. Daheim spricht er nicht darüber, da ist er nur Familienvater. Er ist Tischler, spezialisiert auf Kunsttischlerei, und wäre gerne Innenarchitekt geworden, aber das Studium habe er sich nicht leisten können, erzählt er uns. Für mich ist mein Vater ein sehr eleganter Mann. Er ist groß, fast einen Meter achtzig, blond und hat blaue Augen. Als ich schon älter bin, gehe ich einmal allein mit dem Vater Arm in Arm durch die Straßen. Später stichelt eine Bekannte bei meiner Mutter: »Sie, jetzt hab ich Ihren Mann gesehen mit einer Jungen, nicht, dass der fremdgeht.« Meine Mama lacht. Und ich bin stolz. Die Frau denkt, ich könnte seine Freundin sein! Wir Kinder verehren unseren Vater. Aber wir fürchten ihn auch. Er ist die absolute Respektsperson.

Ich glaube, unser Vater zieht sich erst in der Tischlerei für die Arbeit um, denn er geht immer im Anzug aus dem Haus. Nie trägt er eine Krawatte, immer hat er ein Mascherl um. Auch wir Kinder sind stets adrett gekleidet. »Man kann noch so arm sein, dreckig und zerrissen muss man nicht daherkommen«, sagt meine Mama und wäscht, stopft, näht und bügelt. Ausbildung hat meine Mutter keine machen können, aber nähen und kochen hat sie im Waisenhaus gelernt. Sie kann aus dem kleinsten Stoffrest ein Röckchen für mich schneidern. Wunderschön singen. Den ungemütlichsten Raum heimelig machen. Und aus fast nichts eine Mahlzeit zubereiten.

Wäre es nach der Großmutter gegangen, dann hätte der Papa die Mama nicht heiraten dürfen. Jahrelang hat sie nach dem Tod ihres Mannes darauf gewartet, dass der jüngste Sohn endlich seine Lehre abschließen und für sie und zwei ihrer älteren Töchter sorgen würde. Dass er kein Geld nach Hause bringen, sondern eine eigene Familie gründen will, macht die drei Damen nicht sehr glücklich. Denn bevor der Großvater an einer Lungenentzündung stirbt, ist die Familie meines Vaters in Wien gutsituiert, mein Großvater hat als Schneidermeister seine eigene Werkstatt mit Angestellten und meine Großmutter eine Haushaltshilfe. Nach seinem Tod im Jahr 1908 ist alles weg, und die Großmutter steht allein da: mit fünf kleinen und sieben großen Kindern. So etwas wie Witwenrente gibt es noch nicht. Mein Vater ist das jüngste der zwölf Geschwister und erst vier Jahre alt, als er seinen Vater verliert. Die sieben älteren Kinder hat der Großvater aus erster Ehe mitgebracht. Die Großmutter sagt also nein zur Hochzeit, und mein Vater muss warten, denn noch ist er nicht volljährig, ohne die Unterschrift der Mutter darf er nicht heiraten.

Er lernt meine Mama auf einem Tanzabend bei Verwandten kennen. Sie heißt Gisela, hat schwarzes naturgewelltes Haar und ist mit ihren 1,49 Metern wahrscheinlich eine der Kleinsten auf der Tanzfläche. »Sie ist so klein, dass sie mir aus dem Hosensack hängt«, sagt der Papa gern. Angeblich ist ihr Vater im Ersten Weltkrieg gefallen, aber mir ist von den Eltern meiner Mutter fast nichts bekannt, nur, dass beide aus Wien stammen. Ich vermute, dass meine Mama ein uneheliches Kind war, denn vor ihrer Hochzeit trägt sie den Nachnamen ihrer Mutter. Sie hat drei jüngere Schwestern, und meine Großmutter stirbt, als meine Mama zwölf Jahre alt ist. Eine der Schwestern, meine Tante Resi, kommt mit meiner Mutter ins Waisenhaus. Die zwei anderen habe ich nie getroffen: Beide wachsen bei Pflegefamilien auf, die Drittgeborene erst nach dem Tod der Großmutter, die Jüngste schon ab ihrer Geburt. Als meine Mutter im Jugendalter ist, nimmt ein älteres kinderloses Ehepaar sie als Haustochter bei sich auf, Dienstmädchen mit Familienanschluss bedeutet das. Sie hilft nicht nur im Haushalt, sondern ist auch ein bisschen Familienmitglied, darf dabei sein, wenn das Ehepaar Jugendliche aus der Verwandtschaft zum Diskutieren und Tanzen zu sich in die große Wohnung einlädt. An einem dieser Abende verliebt sie sich in meinen Vater. Sobald er 21 und volljährig ist, heiraten meine Eltern, gegen den Willen meiner Großmutter. Das ältere Ehepaar bezahlt meiner Mutter die Hochzeit.

Meine Mutter ist äußerst gutmütig. Mein Vater ist sehr dominant. Aber es funktioniert. Sie lieben sich wirklich und sind immer füreinander da. Ab und zu gehen die Eltern aus, nur zu zweit. »Gerti, pass gut auf. Seid schön brav und macht niemandem auf«, sagen sie dann. An einem dieser Tage kauft meine Mutter bei den »Prackern« eine Tasche voller Äpfel und Birnen. »Falls ihr was wollt, die Tasche steht unter dem Tisch«, sagt sie, bevor sie die Wohnungstür hinter sich schließt. Als es finster wird, fangen wir an, uns zu fürchten, so ganz allein ohne Eltern. Da kriechen wir alle drei unter den Tisch, ziehen das Tischtuch wie einen Vorhang bis zum Boden herunter und essen die halbe Obsttasche leer. Auf diese Art versteckt fühlen wir uns wohl. Noch wohler fühlen wir uns, als die Eltern wieder heimkommen. Am liebsten ist uns, wir sind alle zusammen.

Außer, wenn einer von uns etwas angestellt hat. Dann fürchten wir uns vor dem Papa. Denn immer wenn die Wut in ihm aufsteigt, kriegen wir Kinder Hiebe. Er zieht den Riemen aus der Hose, und zack, schlägt damit zu. Wir merken, er versucht sich zu beherrschen und schafft es doch nicht, angeblich hat er das von seinem Vater geerbt, der noch jähzorniger gewesen sein soll. Im nächsten Moment tut es ihm leid. Einmal lernen wir im Französischunterricht die Worte »Bonjour mon petit Ernest«. Die fremde Sprache macht mir Spaß, und ich freue mich: Mein Vater heißt Ernst, und nun kann ich ihn auf Französisch begrüßen. »Bonjour mon petit Ernest«, sage ich stolz, als ich durch die Haustür komme, und kriege als Antwort prompt eine Ohrfeige. Weil es respektlos sei, so mit dem Vater zu sprechen: »Ich bin kein ›kleiner‹ Ernst«, empört er sich. Als er einmal den Kleinen haut, verzieht dieser keine Miene. »Warum hast du nicht geheult oder geschrien?«, fragt ihn die Mama, »das hätte vielleicht geholfen.« »Die Freude, dass ich weine, die mach ich ihm nicht«, sagt der Lumpi.

Ein einziges Mal will unser Vater auch auf die Mama losgehen. Da stellt sie sich, ohne ein Wort zu sagen, an die Wand, schaut ihn nur an, und er beruhigt sich. Die Mama ist klein und zart, widerspricht selten, aber ist innerlich immer die Starke.

Eines Tages passt meinem Vater das Mittagessen nicht,

denn die Mama hat Fisolen angekündigt und stattdessen doch Kohlgemüse gekocht. Er wird zornig, nimmt den vollen Teller und schmeißt ihn auf den Küchenboden. Scherben überall. Unsere Mutter schaut den Vater an und sagt kein Wort. Sie schimpft nicht, sie keppelt nicht, sie isst ruhig weiter. Wir Kinder machen es genauso. Nach dem Essen kehrt der Papa wütend zurück zur Arbeit. Als er am Abend nach Hause kommt, liegen Teller und Essensreste immer noch am Boden. »Wieso ist das noch da?«, fragt er meine Mutter verärgert. Keine Antwort. Stumm deckt sie wieder den Tisch und stellt den Suppentopf in die Mitte, denn abends gibt es meistens Suppe. Der Vater setzt sich auf seinen Platz und schlägt demonstrativ die Zeitung auf. Unsere Mutter sagt nicht, bitte iss doch etwas. Wir löffeln still in uns hinein, danach räumt sie den Tisch wieder ab, stellt seinen vollen Teller wieder weg und schweigt. Fast drei Tage lang geht das so. Vielleicht jausnet der Vater in der Werkstatt, zu Hause rührt er keine Mahlzeit an. Und immer noch liegt der Teller, den er auf den Boden geschleudert hat, zu unseren Füßen – wir machen alle einen Bogen darum. Bis er am dritten Tag die Putzfrau aus der Tischlerei zu uns nach Hause schickt, damit sie den Küchenboden reinigt. Alles räumt sie weg und wischt sie auf. Ruhig setzt er sich danach zu Tisch, die Mama schöpft ihm wie immer seine Portion auf den Teller – und er beginnt zu essen. Streit hören wir keinen. Er sagt auch nicht, sei wieder gut, zumindest nicht vor uns Kindern. Er isst, und dann ist alles wieder in Ordnung.

Ein einziges Mal bekomme ich eine Ohrfeige von meiner Mutter. Es passiert, als ich schon um die fünfzehn bin und irgendetwas sage, das sich nicht gehört. Danach kann ich tagelang nicht aufhören zu weinen. »Ich bitt dich, das war doch nur eine Ohrfeige«, versucht meine Mama mich zu beruhigen. Aber ich kann es gar nicht glauben. Vom Papa bin ich es gewohnt, aber dass die Mama mich schlägt! Bei ihr gibt es keine Strafen oder Hiebe. Sie erklärt uns die Dinge.

Trotz seiner Wutausbrüche haben wir Kinder unseren Vater aufrichtig gern. Er ist streng, aber wenn wir nichts anstellen, ist er sehr liebevoll. Er ist immer da, wenn wir ihn brauchen. Als ich am Blinddarm operiert werde, hält er im Spital ununterbrochen meine Hand. An Sonntagen rauft und spielt er mit den Brüdern im Bett, veranstaltet Polsterschlachten, und meine Mama lacht: »Da liegen drei Buben beisammen.« Zum Nikolaus geht er mit uns spazieren, und wenn wir heimkommen, wartet die Mama schon: »Jetzt habt ihr den Nikolo gerade verpasst. Schaut, was er euch mitgebracht hat.« Die Winter meiner Kindheit sind kalt, und wenn das Wasser friert, gehen wir Eisrutschen. Mit großen Schritten befreit der Vater das vereiste Bächlein in der Nachbarschaft für uns vom Schnee und rutscht uns voran.

Für Weihnachtsgeschenke ist fast kein Geld da, meistens reicht es nicht für mehr als ein Paar Strümpfe oder einen neuen Pullover. Als ich die einzige Puppe meines Lebens bekomme, sogar mit Puppenwagerl, ist das etwas sehr Besonderes. Der Kopf meines kostbaren Besitzes ist aus Porzellan und der Körper aus Stoff. Natürlich meint der dreijährige Heinzi es nicht böse, als er die Puppe nimmt und wäscht. Doch dann hat sie kein Gesicht mehr, und ich weine bitterlich. Statt auf ein hübsch aufgemaltes Puppengesicht blicke ich jetzt auf nacktes Porzellan. Auch hier ist mein Vater zur Stelle, holt Pinsel und Farbe und zeichnet alles wieder nach: die schön geschwungenen Lippen, die großen Augen und die feine Nase.

Wenig später nimmt das Dasein meiner Puppe trotzdem kein gutes Ende: Wir sind mit den Eltern auf einer Wiese in der Nachbarschaft, und ich bin kurz abgelenkt, als Heinzi mein Puppenwagerl schnappt und damit losrennt. Er stolpert, die Puppe fällt zu Boden, ihr Kopf zerbricht, und ich fange an zu heulen. Jetzt habe ich keine Puppe mehr! Heinzi sucht sich ein anderes Spielzeug, will jetzt irgendetwas aus Steinen bauen, die auf der Wiese herumliegen. Da hebt er einen zu schweren in die Höhe und muss mit einem Leistenbruch ins Spital gefahren werden. Das ist an diesem Tag dann doch das einschneidendere Erlebnis. Dass der kleine Bruder sich verletzt hat, übertönt natürlich meinen Puppenschmerz.

Wir sind generell viel im Freien unterwegs. Urlaube können wir uns nicht leisten, aber die Eltern machen am Sonntag oft einen Ausflug mit uns. Meistens trifft man uns zu Fuß an, denn die Straßenbahn ist zu teuer, und außerdem ist mein Vater sehr fürs Gehen. Wir marschieren Richtung Purkersdorf oder nach Mödling, hinaus aus der Stadt in die Natur. Mittags gehen wir manchmal ins Gasthaus. Die Mama bestellt eine Knackwurst. Wir Kinder teilen uns ein Kracherl und essen ein Paar Würstel. Mein Vater ist sehr heikel, was Sauberkeit betrifft, deshalb fällt die Entscheidung für ein Gasthaus immer erst nach genauer Inspektion und folgendem Ablauf: Wir setzen uns und bestellen ein Getränk. Währenddessen sucht mein Vater die Toilette, aber nicht, um wirklich aufs Klo zu gehen, sondern um einen Blick in die Küche zu werfen. Wenn die nicht sauber ist, trinken wir aus und gehen wieder, ohne zu essen. Einmal bestellt der Vater eine Eierspeis. Dann erst steht er auf, um auf die Toilette zu gehen, und als er zurückkommt, lassen wir alles liegen und stehen. Richtig geflüchtet sind wir. »Die kochen hier in etwas, das ausschaut wie ein Lavoir«, ist mein Vater entsetzt, »wie ein altes Lavoir, ganz ausgeschlagen ist die Schüssel schon. Die können sich ihre Eierspeis behalten.« Ohne uns vor dem Essen die Hände zu waschen, hätten wir Kinder uns nie an den Tisch setzen dürfen.

»Papa, kaufst du uns heute eine Schokolade?«, fragen wir manchmal, wenn wir schon länger gehen. »Ja, da vorne bei der Konditorei, da schauen wir«, sagt er. Was wir nicht wissen, ist, dass er genau weiß, dass die Konditorei am Sonntag geschlossen hat. »Leider zu. Ich kann euch keine Schokolade kaufen«, seufzt er. Doch einmal haben wir Glück, und jeder darf sich eine Mehlspeise aussuchen. Die Verkäuferin reicht mir meine Schaumrolle, als mein Vater plötzlich bemerkt, dass der Kleine bei den Torten steht, mit dem Finger zwischen die Teigschichten fährt und die Cremen herausschleckt. Schnell zieht ihn der Papa weg, bezahlt, und hurtig sind wir wieder draußen. »Lässt du mich abbeißen?«, fragt der Lumpi, als ich dabei bin, meine Schaumrolle zu probieren. Ich nicke. »Du auf der einen Seite, ich auf der anderen.« Ich beuge mich zu ihm hinunter, halte ihm das eine Ende der Schaumrolle hin und beiße ins andere, da bläst er auf seiner Seite hinein, und ich kriege den ganzen Schaum ins Gesicht. Lumpi! Der Name passt wirklich zu ihm.

Wenn wir während der Woche am Nachmittag mit Schulaufgaben und Lernen fertig sind und der Papa noch arbeitet, geht die Mama allein mit uns spazieren oder Ball spielen auf die umliegenden Wiesen. Besonders im Sommer ist das schön. In Meidling gibt es damals noch mitten im Wohngebiet eine Molkerei, mit Feldern und Erdbeeren aus eigener Ernte. Im Innenhof des Betriebes stehen Heurigenbänke, da sitzen wir dann und löffeln zusammen einen Suppenteller Erdbeeren mit saurer Milch. Von Zeit zu Zeit kauft der Vater auch Kirschen bei den Gärtnern auf der Altmannsdorfer Straße. Er muss sie selbst vom Baum holen, aber dafür sind sie relativ billig, und zu Hause backt die Mama dann Kirschstrudel. Ich liebe Kirschen und begleite den Papa immer, wenn er welche holt. Dann sitze ich unter den Bäumen, esse so viel ich kann und mache mir Flecken ins Kleid.

Eines Tages will uns auch der Vater eine Mehlspeise aus Früchten zubereiten. Er, der absolut nichts vom Haushalt versteht, kommt in die Verlegenheit, weil meine Mutter mit einem Blutsturz im Krankenhaus liegt und er uns allein versorgen muss. »Ich werde Obstknödel für euch machen«, verkündet er und geht zur Greißlerin, um sie zu fragen, wie man den Teig dafür herstellt. Das sei ganz einfach, erklärt sie ihm, ein Kilo Erdäpfel, ein Viertelkilo Mehl, die Erdäpfel kochen und dann mit dem Mehl vermengen. Alles hat er notiert, und zu Hause macht er sich eifrig an die Produktion. »Schaut, was für schöne Knödel mir gelungen sind«, sagt er schließlich, nimmt stolz einen aus dem Wasser und legt ihn auf den Teller. Tatsächlich ist er rund wie ein Tennisball. »Probier, ob sie schon durch sind«, fordert er mich auf. Ich versuche, den Knödel mit der Gabel zu teilen. Geht nicht. Er ist steinhart. Ich will mir ein Messer zu Hilfe nehmen, doch mein Vater schimpft: »Einen Knödel schneidet man nicht mit dem Messer, das macht man mit der Gabel.« Er nimmt mir die Gabel aus der Hand, um mir zu zeigen, wie einfach sich sein Erstlingswerk teilen lässt, da rutscht er ab, und der Knödel fliegt durch die Küche. Mich beutelt es vor Lachen. Mein Vater schaut dem Knödel nach und steht da wie ein begossener Pudel. »Hören Sie, das hat nicht funktioniert«, beschwert er sich später bei der Greißlerin. »Wie haben Sie den Teig denn gemacht?«, fragt die Frau. »So, wie Sie es gesagt haben! Ein Viertelkilo Erdäpfel und ein Kilo Mehl«, sagt mein Vater. »Nein, nein«, ruft die Greißlerin und lacht, »umgekehrt gehört es doch!«

Zu der Greißlerin in der Belghofergasse, gleich bei uns um die Ecke, schickt mich die Mama auch manchmal allein. Schon bevor ich lesen kann, drückt sie mir die Einkaufsliste in die Hand, und ich marschiere damit in das kleine Geschäft. Die Greißlerin liest sich durch, was meine Mama aufgeschrieben hat, und gibt mir die Sachen mit nach Hause. Zehn Deka Butter schneidet sie etwa von einem großen Butter-Block ab oder schöpft ein halbes Kilo Mehl aus einem großen offenen Sack.

Abgesehen von den paar Schritten zur Greißlerin bin ich in Wien nur auf meinem täglichen Schulweg allein unterwegs. Bevor Heinzi ins Schulalter und der Kleine in den Kindergarten kommt, muss ich ohne Begleitung bis zur Bahnstation Hetzendorf marschieren. Dort wartet der Bub des Stationsvorstehers auf mich. Er ist in meiner Parallelklasse, und wir gehen das zweite Stück des Weges bis zum Khleslplatz gemeinsam. Der Einzige, der mir aus meiner Volksschulzeit noch recht lebendig in Erinnerung ist, ist unser Religionslehrer Herr Wurst. Seinen Namen finden wir Kinder furchtbar lustig, doch abgesehen davon können wir ihn nicht leiden, weil er Strafen verteilt, vor allem aber, weil er während der Stunde immer eine Wurstsemmel verzehrt. Keines von uns Kindern hat eine Semmel überhaupt je auch nur probiert. Wir schielen auf das trockene Jausenbrot in unseren Schultaschen und würden ihm seine Wurstsemmel am liebsten aus der Hand reißen.

Trotz Herrn Wurst gehe ich mit Begeisterung in die Schule, habe Schönschreiben gern und mag Mathematik am wenigsten. Eines Tages bekomme ich als Belohnung für mein gutes Zeugnis von den Lehrern eine Eintrittskarte für die Oper. Es spielt »Die Puppenfee«, und ich bin tief beeindruckt. Ein anderes Mal bin ich unter den Auserwählten, die von der Schule in die Ferien geschickt werden. Nach Vorarlberg geht es, und schon in Hütteldorf fangen manche Kinder an zu weinen. Ich bin eine von denen, die Heimweh nicht kennen, und starte hocherfreut in den allerersten Urlaub meines Lebens. Mindestens zwei Wochen bleiben wir, wenn nicht länger. Der Wirt in unserer Pension in Rankweil hat zwei Söhne, mit denen ich mich gut verstehe. Nachts schlüpfen wir unter weiße Leintücher und ziehen als Geister durch die Zimmer. Am Sonntag müssen wir in die Kirche. Es ist schönes Wetter und mit den Buben zu spielen ist viel lustiger, darum schleiche ich mich schon vor der Predigt wieder aus der Messe. Später beim Mittagessen sitzt auch der Pfarrer am Tisch. »Erzählt mir, was habt ihr euch von meiner Predigt gemerkt?«, fragt er uns Kinder und schaut ausgerechnet mich an. »Sie haben so stark im Vorarlberger Dialekt geredet, ich hab leider überhaupt nichts verstanden«, sage ich schnell. »Oje, dass mir das schon wieder passiert ist«, seufzt der Pfarrer, »dabei bemühe ich mich immer so, Hochdeutsch zu sprechen.«

Zu Hause in Wien sehe ich meine Schulfreunde nur am Vormittag, und wenn ich vom Unterricht heimkomme, sind meine Brüder zum Spielen da. Manchmal ist es gar nicht so einfach, in Ruhe zu spielen, denn im Stock über uns wohnt die Hausbesitzerin mit ihrer Tochter. Die Tochter ist schon älter, ledig und mag keine Kinder. Wegen ihr müssen wir in der Wohnung immer leise sein, und wegen ihr dürfen wir auch nicht mit dem Ball in den Garten. An einem Nikolaustag macht sie uns besonders Angst: »Der Krampus ist da, aufmachen!«, kreischt sie und klopft an unsere Tür. Als die Mama öffnet, steht sie in einem schwarzen Pelzmantel da, mit rot lackierten Fingernägeln und einer Rute in der Hand. Wir Kinder laufen ins Schlafzimmer und verstecken uns unter dem Bett. »Nein danke, ich möchte das nicht, meine Kinder werden nicht erschreckt«, sagt die Mama und schließt die Tür wieder. Wenig später rasselt die Frau mit einer eisernen Kette vor unserem Eingang: »Aufmachen, der Krampus ist da, jetzt kriegt ihr eure Schläge.« Wieder verkriechen wir uns im Schlafzimmer. »Ich will das nicht«, erklärt unsere Mutter und wird richtig ungemütlich: »Wenn Sie noch einmal kommen, dann schütte ich Ihnen eine Schüssel Wasser ins Gesicht.« Beleidigt dreht sich die Tochter der Hausbesitzerin um und geht, nur um eine Viertelstunde später erneut gegen unsere Tür zu schlagen. »Aufmachen!« In der Zwischenzeit hat meine Mutter tatsächlich eine Schüssel bereitgestellt. Sie öffnet und gießt unserer Nachbarin das Wasser über den schwarzen Pelzmantel.

Zu den Nachbarn im Haus haben wir wenig Kontakt. Aber ein Haus weiter wohnt eine Frau, die von allen Frau Baronin genannt wird. Wer sie wirklich ist, weiß ich nicht. Ab und zu lädt sie uns ein, spielt mit uns und lernt mit mir, denn sie hat Kinder gern, und wir sind angeblich so brav und gut erzogen. Den Eltern ist es unangenehm, wenn wir hingehen, sie empfinden das als Almosen, doch sie können schlecht nein sagen. Auch unser zweiter Gastgeber, der alte Herr, bereitet unserem Vater manchmal Kopfzerbrechen: Der alte Herr ist gebrechlich und lebt mit seiner Haushälterin in der

Schönbrunner Straße in einer Villa. Meine Familie muss irgendwie mit ihm bekannt sein, auf jeden Fall besuchen wir ihn mit Begeisterung, und er liebt meine Brüder und mich. Mein Vater begleitet uns, wenn wir zu ihm gehen, und predigt schon am Hinweg: »Bitte Kinder, benehmt euch. Grüßt anständig. Ich bitte euch, sagt Küss die Hand und nicht Grüß Gott.« Jaja, nicken wir. Der alte Herr öffnet die Tür und ruft uns entgegen: »Kinder, ich freu mich so, dass ihr kommt.« »Grüß Gott, Onkel«, rufen wir zurück. Unser Vater leidet, aber er schweigt. Wuchtige dunkle Möbel stehen im Esszimmer, und wir sausen beim Fangenspielen um den runden auf Hochglanz polierten Tisch. Der alte Herr macht mit und kommt uns mit tapsenden Schritten hinterher. Später setzen wir uns alle, und die Haushälterin bringt einen Korb mit Kipferln und eine Kanne Kakao. Bereits auf dem Weg hierher hat uns der Vater eingetrichtert: »Ihr dürft die Kipferl auf keinen Fall in den Kakao eintauchen. Das macht man nicht.« Brav haben wir ja gesagt. Nun aber nimmt sich der alte Herr ein Kipferl und verkündet: »Wisst ihr was, Kinder? Jetzt tauchen wir unsere Kipferl in den Kakao.« Das lassen wir uns nicht zweimal sagen. Mein Vater leidet Höllenqualen, das sieht man ihm an, doch er kann nichts unternehmen. Er kann dem alten Herrn unmöglich erklären, dass er nicht möchte, dass seine Kinder ihre Kipferl in den Kakao eintunken.

Am liebsten und sehr oft geht meine ganze Familie zur Schwester meiner Mutter, einer sehr verständnisvollen und herzlichen Frau. Tante Resi ist in Wien verheiratet, hat zwölf Kinder und liebt jedes einzelne über alles: »Lieber gebe ich einen Finger her, bevor ich eines meiner Kinder hergeben würde«, sagt sie. Wenn meine Eltern sich nach unserem Besuch auf den Heimweg machen wollen, betteln meine Cousinen und Cousins: »Bitte, die Gerti soll heute bei uns bleiben.« Manchmal wird es mir erlaubt, und wenn ich am Wochenende bei der Tante übernachte, werde ich dort auch gebadet. Ich habe das kleine Häuschen im Hof noch vor Augen, in dem sich die Waschküche befindet. In einem Kessel erhitzt die Tante Wasser, füllt es in den Waschtrog, und dann setzen sich alle Kinder der Reihe nach hinein. Weil ich Gast bin, komme ich als Erste dran und die anderen danach in mein Badewasser. Meine Cousins stehen währenddessen vor der Tür und schauen abwechselnd durchs Schlüsselloch, sie wollen wissen, ob ich nackt genauso aussehe wie ihre Schwestern. Ein Ausflug in Tante Resis Massenbetrieb mit den vielen Stockbetten ist immer ein Abenteuer, aber danach bin ich froh, wieder nach Hause zu kommen. Auch daheim in der Belghofergasse werden wir immer samstags in der Waschküche gebadet. In unserer Wohnung haben wir kein fließendes Wasser. Wir holen es in einer Kanne vom Gang.

Von den Verwandten meines Vaters mag ich seinen Neffen Siegfried sehr gern. Er ist der älteste Sohn von Papas ältestem Bruder und darum fast so alt wie mein Vater selbst. Auch einen Bruder meines Vaters sehen wir oft, und wir Kinder lieben ihn heiß: Onkel Hiro ist klein, ein bisschen dicker und bringt uns immer zum Lachen. Mehr Pflicht als Vergnügen sind hingegen die Besuche bei den Tanten väterlicherseits. »Ich gehe nicht mit«, mache ich regelmäßig einen Aufstand, wenn wir zu Tante Gisela eingeladen sind, deren Tochter Friseurin werden will. Immer will mir meine Cousine die Haare waschen, und das mag ich gar nicht. Überhaupt finde ich meine Tanten sehr arrogant, denn sie nörgeln dauernd an mir herum: »Das macht ein Mädchen nicht, das sagt ein Mädchen nicht.« Und ich mache nicht immer nur gern, was Mädchen so machen. Als ich schon etwas älter bin, verlangt auch mein Vater von mir, einen aufrechten damenhaften Gang zu trainieren. Mit einem Buch auf dem Kopf und einem Besen, den ich am Rücken zwischen die Arme klemme, muss ich durch die Wohnung stolzieren. Ich kann das überhaupt nicht leiden.

Ich weiß noch, dass Tante Gisela einen Dackel hatte. Während sich die Erwachsenen im Wohnzimmer unterhalten, spiele ich mit ihm in der Küche. »Schau, das kannst du dem Hund verfüttern«, sagt meine Tante und drückt mir in Papier eingewickelte Wurstblätter in die Hand, bevor sie sich wieder um die Gäste kümmert. Schön aufgeschnitten liegt die Wurst in dem Packerl, frisch vom Fleischhauer. »Eines der Hund, eines ich«, sage ich, stecke mir selbst ein Blatt in den Mund und füttere das nächste dem Tier. Als meine Tante in die Küche zurückkommt und mich sieht, schlägt sie die Hände überm Kopf zusammen: »Um Himmels willen, das Kind isst die Wurst vom Hund!«, ruft sie meinen Eltern zu. »Na und?«, lacht meine Mutter, »wenn es ihr schmeckt.« Es ist ohnehin schon zu spät. Der Dackel und ich haben uns die Wurst längst ehrlich geteilt.

2. KAPITEL

WEG AUS WIEN

Wenn sich die Erwachsenen unterhalten, hören wir Kinder meist nicht zu. Wir spielen, während die Eltern mit Freunden oder Verwandten bei Milchkaffee und Nachmittagsjause um den Tisch sitzen. Ernste Themen höre ich meine Eltern vor uns nicht besprechen. Trotzdem weiß ich, dass mein Vater Bedenken hat, was die Zukunft angeht. Und dass meine Mutter nervös wird, wenn die Raben schreien. »Das ist ein schlechtes Omen«, sagt sie, »wer weiß, was auf uns zukommt.« Sie ist sehr abergläubisch.

Einmal, es muss bereits Mitte der dreißiger Jahre sein, ist ein Cousin meines Vaters bei uns zu Gast, der in Amerika lebt und in Hollywood als Handwerker arbeitet. Er bringt uns eine Schachtel Katzenzungen als Geschenk mit, und wir Kinder sind selig. Das Gespräch zwischen ihm und meinem Vater habe ich mir gemerkt. »Komm mit deiner Familie nach Amerika, Ernst«, sagt der Cousin, »du bist Kunsttischler, das ist dort sehr gefragt. Wandert aus! In Wien geht doch alles zugrunde.« Ich kann mich noch erinnern, dass mein Vater voller Überzeugung den Kopf schüttelt: »Kommt nicht in Frage. Der Hitler hat hier ohnehin keine Zukunft, wir gehen nicht weg.« Eigentlich ist mein Vater ein Realist, doch dass Hitler in Österreich an die Macht kommen könnte, glaubt er damals noch nicht.

Politik wird in meiner Familie mit uns Kindern nicht groß besprochen, sie ist uns durch Ereignisse präsent. Ich bin sechs Jahre alt, als mein Vater im Februar 1934 zum Mittagessen nicht wie sonst pünktlich nach Hause kommt. Die Mama hat irrsinnige Angst, sperrt den schlafenden Heinzi in der Wohnung ein und läuft mit mir hinaus, um meinem Vater auf seinem Weg von der Arbeit entgegenzugehen. Wir beeilen uns zur Straßenbahnhaltestelle und schauen, ob wir den Vater schon sehen können, als wir auf der Altmannsdorfer Straße plötzlich Schüsse hören.

Ein fremder Mann packt uns, zieht uns in den nächsten Hauseingang und schreit meine Mutter an: »Sind Sie wahnsinnig, Sie können doch jetzt nicht mit dem Kind auf die Straße gehen!« Zitternd erklärt meine Mutter, dass sie meinen Vater sucht. »Wollen Sie, dass Ihnen auch noch was zustößt!«, schimpft der Mann. »Natürlich nicht, Sie haben recht«, sagt meine Mutter und weint. Als sich die Schießerei beruhigt hat und wir wieder auf die Straße können, liegen eine junge Frau und ein junger Mann tot am Boden. Es sind Studenten, erfahren wir später, jemand hat sie mit Packpapier zugedeckt, bis die Einsatzkräfte kommen. Die Mama und ich rennen Hand in Hand nach Hause. »Ich habe wirklich einen Blödsinn gemacht«, sagt sie und sperrt die Tür auf. Heinzi ist inzwischen aufgewacht, hängt wie ein kleiner Affe am Fenster und schreit sich die Seele aus dem Leib: »Mama, Mama.« Wenig später kommt der Vater nach Hause. Er habe abgewartet, bis sich die Schießerei beruhigt hat, sagt er, darum sei er zu spät. Auch wenn ich den Bürgerkrieg in Österreich als Sechsjährige noch nicht zusammenhängend erfassen kann: Die Angst um meinen Vater und das Bild der zwei reglosen Körper am Straßenboden stecken mir fortan tief in den Knochen.

Als Bundeskanzler Kurt Schuschnigg seine Rundfunkansprache am 11. März 1938 mit den Worten »Gott schütze

Österreich« beendet, bin ich zehn Jahre alt und spüre die Furcht meiner Eltern. Sie sitzen geschockt neben dem Radioapparat und sagen kein Wort. Ich bin viel zu sehr Kind, um zu verstehen, wer dieser Hitler ist und warum er eine Gefahr darstellt. »Wenn du nicht brav bist, kommt der Teufel«, werde ich manchmal geschimpft. So wenig greifbar wie der Teufel aus dieser Drohung fühlt sich Hitler für mich an. Irgendwann in dem Jahr vor dem »Anschluss« dürfen wir Kinder in der Belghofergasse nicht mehr allein in den Garten. Die Nachbarin von oben wird immer feindseliger, und die Eltern fürchten, dass sie uns etwas antut. Dann folgt der Tag, an dem meine Mutter fast von einer gusseisernen Pfanne erschlagen wird, und wir übersiedeln in eine Wohnung an der Donau. Sie liegt in einem Gemeindebau in der Wehlistraße, und durch unsere Fenster im zweiten Stock sieht man direkt auf die Reichsbrücke.

In der Nachbarschaft gibt es viele Kinder, mit denen wir rund ums Haus und unten an der Donau spielen. Nur ein paar Schritte sind es über die Straße zum Wasser, und wenn man vor dem Gemeindebau durch die Planke zum Ufer hinunterklettert, liegt dort ein Boot an einer Kette. Die kleinen Kinder kraxeln hinein, die großen Kinder stoßen es ins Wasser, lassen es von der Strömung davontreiben und ziehen es an der Kette wieder zurück. Begeistert erzählt der dreieinhalbjährige Lumpi eines Abends von seiner Bootsfahrt. »Das machst du nie wieder«, schimpft ihn unsere Mutter. Schließlich kann er nicht schwimmen, die Gefahr, dass ihn die Strömung mitreißen könnte, ist viel zu groß, und er hat Glück, dass er vom Vater keine Schläge kriegt. Wenig später kommt er mit einer neuen Nachricht von draußen zurück. »Mit dem einen Nachbarsbuben spiele ich nicht mehr«, verkündet er.

»Warum nicht?«, fragt die Mama. »Weil der ein Jud ist!«, ruft der Lumpi.

Heinzi, Lumpi und ich haben keine Ahnung, was ein Jude ist. Wir sind getauft, wir besuchen den katholischen Religionsunterricht in der Schule, und an Sonntagen gehen wir in die Kirche. Unser Vater ist der gläubigste Katholik, den man sich vorstellen kann. »Wir sind aber eigentlich Juden«, erzählen uns die Eltern jetzt und müssen uns erst einmal erklären, dass das Judentum eine Religion ist. Die Mutter meines Vaters war sogar eine sehr fromme Jüdin, erfahren wir. Bevor sie als Witwe in zweiter Ehe meinen Großvater geheiratet hat, war sie mit einem Rabbiner verheiratet. Nur mein Vater wollte aus irgendeinem Grund nie Jude sein. Schon als Kind war er nie im Tempel, hatte keine jüdischen Freunde und immer den Wunsch, Katholik zu werden. Um seine Mutter nicht zu verletzen, hat er bis nach ihrem Tod gewartet und unsere Familie erst Anfang der 1930er Jahre katholisch taufen lassen. Meine Mutter, die ebenfalls als Jüdin geboren worden ist, war einverstanden. Ich bin im Alter von fünf Jahren getauft worden, der Kleine gleich bei der Geburt, und Heinzi war zwei. Nie sind wir mit jüdischen Traditionen in Berührung gekommen. An meine Großmutter habe ich fast keine Erinnerung, und auch bei den Geschwistern meiner Eltern haben wir den jüdischen Glauben nie kennengelernt.

So gut es geht, versuchen unsere Eltern von uns fernzuhalten, was sich in Wien im Jahr 1938 zuträgt, doch sie können uns nicht genug schützen, um uns zu verheimlichen, dass wir plötzlich als Juden verfolgt werden. An seiner neuen Schule zeichnet der achtjährige Heinzi mit seinen Mitschülern Hakenkreuze und malt das schönste Hakenkreuz der ganzen Klasse. »Der Heinzi hat es am saubersten und feinsten gezeichnet«, lobt der Lehrer und hängt das Werk meines Bruders an die Wand. Kurz darauf kommt der Direktor in die Klasse: »Wer hat denn dieses schöne Hakenkreuz gezeichnet?«, fragt er und bewundert die feinen schwarzen Linien. »Der kleine Pressburger«, sagt der Lehrer. Da reißt der Direktor Heinzis Hakenkreuz von der Wand, zerreißt es und ruft: »Der Jud?! Der darf das gar nicht zeichnen!« Weinend kommt mein Bruder nach Hause und ist verzweifelt: »Mama, warum? Was habe ich falsch gemacht?«

Kurz darauf dürfen mein Bruder und ich die Schule gar nicht mehr besuchen. Von März bis zu den Ferien im Sommer 1938 muss ich mit allen jüdischen Kindern aus Schulen der Umgebung jeden Tag in ein Gebäude im neunten Bezirk gehen. Unterricht findet keiner statt, aber in einem großen Saal in der Berggasse werden uns Vorträge gehalten. Auf dem Heimweg steht beim Schubertbrunnen auf der Liechtensteinstraße jeden Tag eine Gruppe Buben. »Juden, Juden, Juden!«, schreien sie, bewerfen uns mit Steinen und schütten uns mit Wasser an. Damit ich dort nicht vorbeigehen muss, wartet für den Rest des Schuljahres mein um zwei Jahre älterer Cousin zu Mittag auf mich und führt mich auf einem Schleichweg nach Hause.

Einmal bin ich allein auf der Straße unterwegs, und ein Stück von mir entfernt setzt am Gehsteig ein alter Jude langsam einen Fuß vor den anderen. Er trägt einen Kaftan, hat einen Hut auf und ist schon so gebrechlich, dass er einen Stock zu Hilfe nehmen muss. Da kommt ein kleiner Bub von hinten auf ihn zu, schmeißt ihm seinen Hut vom Kopf, tanzt um ihn herum und singt: »Jud, Jud, spuck in Hut, sag der Mama, das ist gut.« Ich stürze hin und schreie den Kleinen an: »Schämst du dich nicht, einen alten Mann so zu behandeln? Der ist froh, dass er überhaupt noch drei Schritte gehen kann, und du machst ihm das Leben schwer! Du kannst gleich eine Watschen haben!« Im selben Moment weiß ich, dass ich eine leere Drohung ausgesprochen habe, denn ich würde mich niemals wirklich trauen, den Buben zu schlagen. Und ich spüre, dass ich froh sein kann, dass mich niemand bei meinem Wutausbruch gesehen hat. »Ach komm«, sagt der Bub und läuft davon, während ich den Hut des alten Mannes vom Boden aufhebe und ihm zurückgebe. Der alte Herr hat Tränen in den Augen, als er sich bei mir bedankt, und ich laufe völlig aufgelöst nach Hause. »Um Gottes willen, mach das ja nicht noch einmal«, sagt die Mama, »das ist viel zu gefährlich.«

Ich bin mit meinen zehn Jahren noch zu jung, um die Gefahr richtig einzuschätzen, und die Hetze gegen Juden macht mir wenig Angst. Sie verwundert mich vielmehr und macht mich zornig. Noch ein weiteres Mal komme ich in den ersten Monaten des Jahres 1938 heulend zu meiner Mutter nach Hause: Beim Aufgang zur Reichsbrücke im zwanzigsten Bezirk, ganz in der Nähe unserer Wohnung, liegt der Kiosk der Zuckerlfrau. Manchmal, wenn wir mit den Nachbarskindern spielen, gehen wir zu ihr einkaufen. »Wir haben nur zehn Groschen. Kriegen wir dafür ein paar Zuckerln?«, fragen wir. »Ja«, nickt sie, »ihr bekommt schon was.« Dann lutschen wir unsere Handvoll Süßigkeiten und sind hochzufrieden. Auch wenn ein Kind kein Geld hat, drückt die Bonbonfrau ein Auge zu: »Kriegst trotzdem ein Zuckerl.« Im Winter steht sie in einem uralten Pelzmantel in ihrem Kiosk, denn es ist kalt, und die Wände sind dünn. Als Hitler kommt, stellt sich heraus, dass sie Jüdin ist. Kruckenkreuze werden in den

Tagen vor dem Einmarsch auf die Straßen gemalt, mit weißer Farbe setzen die Anhänger des Ständestaates ein Zeichen des Widerstandes. Auch vor dem Kiosk der Bonbonverkäuferin ist eines auf den Boden gemalt. Menschen reißen die Tür zu ihrem Verkaufsstand auf, zerren die Frau brutal auf die Straße und zwingen sie, das weiße Kreuz vom Boden wegzureiben. »Na schau an, die Dame! Mit einem Pelzmantel geht sie ins Geschäft«, rufen die Leute, lachen und klatschen in die Hände, während sie die Jüdin antreiben. »Schaut sie euch an«, sehe ich die Mütter der Kinder kreischen, denen die Kioskfrau immer ein paar Extrazuckerln in die Hand gedrückt hat. Alle haben sie vergessen, wie nett die Frau immer zu ihnen war. Ich weine bitterlich, und meine Mutter kann nur versuchen, mich zu trösten.

Ich weiß nicht, ob ich Adolf Hitler einmarschieren gesehen habe, vielleicht ist er an mir vorbeigefahren, und ich habe es nicht registriert. Ich kann mich nur an die Wagenkolonnen erinnern, Militärautos über Militärautos, die Anfang März 1938 die Reichsbrücke überqueren. Meine Brüder und ich merken, dass Mutter und Vater sich fürchten, und sind dadurch besonders verschreckt, dürfen in diesen Tagen auch nicht auf die Straße zum Spielen. Wir stehen mit den Eltern am Gang vor unserer Wohnungstür, schauen direkt auf die Brücke und der jubelnden Menge durchs Fenster zu. In unserer Wohnung ist es stockfinster und stickig, denn vor unserem Fenster hängt eine Hakenkreuzfahne. Kurz zuvor noch ist der Hausbesorger von Tür zu Tür gegangen und hat kontrolliert, ob auch alle Mieter eine Fahne angebracht haben. Wir als Juden dürfen und wollen nicht beflaggen, und so hat man vom oberen Stockwerk von außen einfach eine Fahne über unser Fenster gespannt. Einige Tage bleibt sie an der Hausmauer, Tage, an denen wir nicht lüften können, weil das riesige Hakenkreuz ein Öffnen der Fenster unmöglich macht, und an denen wir abends im Dunkeln sitzen, weil durch die Flagge kein Licht scheinen darf.

Möglicherweise hat mein Vater geahnt, was passieren wird, jedenfalls ist er zu Hause, als wenig später bewaffnete Männer brutal an unsere Wohnungstür schlagen. Als Tischler arbeitet er 1938 nicht mehr. Er hat seine Stelle verloren und ist Bademeister in einem städtischen Bad. An jenem Tag ist er daheim und öffnet selbst die Tür. »Hände auf den Rücken«, schreien zwei Männer und zielen mit ihren Gewehren auf ihn, »es liegt eine Anzeige gegen Sie vor. Wegen Betätigung im Untergrund als Kommunist!« In jedem Halbstock unseres Hauses stehen bewaffnete Nationalsozialisten, und die zwei, die meinen Vater bedrohen, packen ihn und nehmen ihn mit. Weitere Männer stürmen in die Wohnung und beginnen, alles zu durchsuchen. Was von Wert ist, nehmen sie mit, das Radio zum Beispiel oder die Schreibmaschine. »Rücken Sie den Kasten zur Seite«, verlangt einer der Nationalsozialisten von meiner Mutter. Er will kontrollieren, ob wir etwas dahinter versteckt halten. »Nein«, weigert sich die Mama, »dafür bin ich nicht kräftig genug. Schieben Sie ihn doch selbst weg.« Unsere Mutter bleibt auch in dieser Situation resolut. Der Lumpi steht daneben und sieht alles, erschrickt zutiefst und schreit so lange, bis seine Stimme sich überschlägt. Eine Woche lang bleibt er stumm, bringt kein Wort mehr heraus, und als er wieder reden kann, stottert er sein Leben lang. Am Anfang sehr stark, später wird es besser und ist nur dann besonders gut zu hören, wenn er aufgeregt ist. »Sing doch einfach«, machen wir uns lustig, wenn er wieder einmal etwas erzählen möchte und nicht kann. Denn beim Singen stottert man nicht. Dann lacht er, beruhigt sich und kann normal reden.

Heinzi wird nach diesem Vorfall noch introvertierter. In der Nacht, nachdem unser Vater abgeholt worden ist, bekommt er im Alter von acht Jahren weiße Haare. Es ist der Schock, der seine Schläfen silbrig werden lässt. »Bitte, pass du auf die Buben auf«, sagt meine Mutter zu mir, bringt uns tagsüber zu Vaters Bruder Onkel Hiro, der in der Nähe wohnt, und läuft von Amt zu Amt. Verzweifelt versucht sie herauszufinden, wo man ihren Mann hingebracht hat. Die Anklage, er sei Kommunist, ist vollkommen haltlos. Nie hat mein Vater für irgendjemanden im Untergrund gearbeitet oder sich politisch betätigt. Nach acht Tagen erfolglosen Suchens holt uns die Mama wie jeden Abend vom Onkel ab, und wir gehen bedrückt nach Hause. »Bitte, ich will aufsperren«, krächzt der dreijährige Lumpi, dessen Stimme langsam zurückkommt. Er liebt es, wenn er wie ein Erwachsener den Schlüssel umdrehen darf. Als er ihn ins Schloss steckt und die Tür öffnen will, wird sie plötzlich von innen aufgemacht. Wir schreien auf vor Schreck – und fallen im nächsten Moment dem Papa in die Arme. Er sei auf einer Polizeistation eingesperrt gewesen, erzählt er. Weder verhört sei er worden noch sonst etwas, man habe ihn als reine Schikane eine Woche lang inhaftiert. »Das geht so nicht weiter«, sagt unser Vater, »sobald wie möglich müssen wir Österreich verlassen.«

Der Vater fängt an, sich um Reisedokumente anzustellen. Nur die Reichen, die sich Urlaube leisten können, haben damals einen Pass. Außerdem brauchen wir eine Ausreisebewilligung und ein Visum fürs Ausland. Beides ist nicht leicht zu bekommen. Kolonnen von Menschen stehen vor den Botschaften jener Länder, die bereit sind, Juden als Flüchtlinge aufzunehmen.

Noch bevor seine Behördengänge Erfolg zeigen, bekommt der Papa Post: eine Vorladung in die Gestapo-Zentrale am Morzinplatz. Wenn er ein Amt aufsuchen muss, zieht er sich immer besonders ordentlich an, und so geht er in der Früh im besten Anzug aus dem Haus. Während abends die Sonne langsam hinter den Hausdächern verschwindet, verstecken meine Brüder und ich uns hinter den Büschen am Donauufer und laufen beim Fangenspielen um die Wette. »Kriegst mich nicht«, ruft der Lumpi und flitzt auf seinen kleinen Beinchen um die nächste Ecke. Ein Mann biegt in unsere Straße ein und bleibt vis-à-vis unserem Haus stehen. Er zittert und scheint sich nicht sicher zu sein, ob er es allein über die Gasse schafft. Statt meinem kleinen Bruder hinterherzurennen, laufe ich zu ihm. »Kann ich Ihnen helfen?«, frage ich und will ihm den Arm reichen, doch kaum bei ihm angekommen, versagt mir die Stimme. Jetzt erst erkenne ich meinen Vater. Sein Gesicht ist geschwollen, er ist von Kopf bis Fuß nass und schmutzig, und der Anzug, der am Morgen noch schön gebügelt war, ist vollkommen zerrissen. Erst 34 Jahre alt ist mein Vater 1938, doch er sieht aus wie ein alter Mann. Stumm führe ich ihn über die Straße und hinauf in unsere Wohnung. Er sei am Morzinplatz in einer Kammer eingesperrt worden, erzählt er. Dort standen ein Kübel Wasser und ein Fetzen, und er musste kniend den Boden aufwaschen. Sobald er fertig war, versetzte man ihm einen Tritt, der Kübel mit dem schmutzigen Wasser wurde umgeworfen, und er musste von vorne anfangen. Er sei geschlagen und misshandelt worden, den ganzen Tag. »Wir müssen hier weg«, sagt der Vater, während die Mama ihm aus dem zerrissenen Anzug hilft und ihn zum Bett führt. Nicht einmal mehr stehen kann er. Wir Kinder sitzen verschreckt in einer Ecke und geben keinen Ton von uns. Wir kennen unseren Papa nur als strahlende Vaterfigur, als Optimisten. Noch nie haben wir ihn so gesehen.

Wenig später packen wir unsere Koffer. Nicht für die Ausreise, sondern, weil uns die Wohnung weggenommen wird. Es wird an unsere Tür geschlagen und uns mitgeteilt, dass wir delogiert werden. Anfang des Sommers 1938 sind wir in Wien obdachlos. Zu unseren Verwandten trauen sich meine Eltern nicht, schließlich haben die Behörden es auf meinen Vater abgesehen, und er möchte unsere Familie nicht gefährden. Ein Papierwarenhändler in der Wallensteinstraße, mit dem der Vater bekannt ist, erklärt sich bereit, uns zu helfen. In einem kleinen Lager hinter seinem Geschäftsraum dürfen sich die Eltern eine Decke auf den Boden legen und übernachten. Für uns alle reicht der Platz nicht. So werden Lumpi und ich vorübergehend bei Nonnen untergebracht, und Heinzi fährt als unsere große Hoffnung mit dem Roten Kreuz in die Schweiz. Der Vater hat mit der Leiterin des Kindertransports alles genau geplant: Sobald Heinzi in der Schweiz ankommt, wird sie ein Telegramm an meine Eltern schicken. »Ihr Sohn ist erkrankt«, soll darin stehen, »bitte kommen Sie.« Wir würden die Erlaubnis bekommen, zum kranken Kind in die Schweiz zu fahren, und hätten es außer Landes geschafft, das ist der Plan. Doch der Heinzi hat Heimweh, sitzt im Zug und heult ununterbrochen bis über die Grenze. »Der arme Bub, den nehme ich wieder mit«, entscheidet eine Rot-Kreuz-Schwester, die über das Vorhaben mit dem Telegramm nicht informiert ist. Sie packt ihn ein, fährt mit ihm zurück nach Wien, und der Plan meines Vaters scheitert.

Während unsere Eltern im Abstellraum des Schreibwarenhändlers übernachten, schlafen Lumpi und ich in Maria Lanzendorf. Etwa zwanzig Kilometer von Wien entfernt liegt hier ein Heim für schwererziehbare Kinder, das von Nonnen betrieben wird. Da viele der Kinder über die Sommerferien nach Hause dürfen, haben die Nonnen Plätze frei und verpflegen uns vorübergehend. Nicht nur der Kleine und ich, auch die anderen Kinder freuen sich, wenn unsere Eltern am Wochenende zu Besuch kommen. Kurz vor Verkaufsschluss, wenn es das Obst schon billiger gibt, holt mein Vater Wassermelonen vom Naschmarkt und schleppt sie im Rucksack bis nach Maria Lanzendorf. Dann essen wir mit Begeisterung die aufgeschnittenen Melonenscheiben.

Doch das Schlimme sind die Nächte. »Nein, Gerti, geh nicht«, weint mein kleiner Bruder, »lass mich nicht allein.« Der dreijährige Lumpi muss zu den Buben, und ich muss in den Mädchensaal, denn Nonnen lassen Mädchen und Buben nicht im selben Raum übernachten. Er fürchtet sich, besonders nach den Ereignissen der letzten Wochen. Darum sitze ich mit meinem kleinen Bruder auf einer Bank im großen Park vor dem Heim und wiege ihn jeden Abend in den Schlaf. Wenn ihm die Augen zugefallen sind, trage ich ihn vorsichtig in sein Bett bei den Buben und lege mich selbst in den Mädchensaal. In der Früh stehe ich vor allen anderen auf, laufe einen Stock höher und setze mich an sein Bett. »Bist du die ganze Nacht bei mir gesessen?«, fragt der Lumpi, als er aufwacht. »Ja«, versichere ich ihm. Es ist eine sehr schwere Zeit für mich.

3. KAPITEL

MIT DREI KINDERN UND FÜNF KOFFERN

»Bist du blöd? Was stellst du dich zu den Juden?!«, sagt ein
SS-Mann zu meinem Vater, als dieser wieder einmal vor einem Amt ansteht, um uns ein Visum zu organisieren. Täglich bemühen sich meine Eltern während des Sommers 1938
um unsere Ausreisepapiere. Der Papa ist groß, blond und
blauäugig und fällt dem SS-Mann auf, der neben der langen Schlange von Menschen seine Kontrollgänge absolviert.
»Geh doch direkt rein«, sagt der Mann. Mein Vater nickt,
löst sich aus der Menge der Wartenden und betritt das Gebäude. Als er herauskommt, hält er unser Visum für Jugoslawien in der Hand.

Vater, Mutter und Heinzi holen Lumpi und mich in Maria
Lanzendorf ab, und es kann losgehen. Mit fünf Koffern fahren wir im September 1938 zum Südbahnhof. In einem sind
Bettüberzüge und Tischtücher verstaut, in einem zweiten
ein kleiner Vorrat an Geschirr, und die restlichen drei Koffer beinhalten unsere Kleidung. Als wir vor den Sommerferien unsere Wohnung räumen mussten, hat die Mama nur
das Notwendigste eingepackt. Unseren wichtigsten Besitz
hat der Vater eingesteckt: die Ausreisebewilligung, unseren
Pass, das Visum und den Unterstützungsbrief eines österreichischen Priesters. In einem Schreiben bittet der österreichische Geistliche einen Kollegen in Zagreb, uns bei unserer
Ankunft zu unterstützen. »Bleibt sitzen, ich hole die Fahr-
karten«, sagt der Papa und geht zum Schalter, während wir
Kinder in der Bahnhofshalle auf den Koffern Platz nehmen

Gertrudes Eltern in Zagreb

und aufpassen, dass nichts gestohlen wird. Als er mit den Fahrscheinen zurückkehrt, gehen wir zum Bahnsteig. Vaters Bruder Onkel Hiro hilft uns beim Koffertragen. Bis zu unserem Waggon kommt er mit und löst dafür sogar eine »Perronkarte«, denn den Bahnsteig darf damals nur betreten, wer ein Extraticket dafür hat.

Wir reden nicht viel, während wir unser Gepäck über den Sitzen verstauen und im Abteil Platz nehmen. Unser Vater ist nervös, das merken wir, und er ist sehr traurig. Wien ist »seine« Stadt! Sie verlassen zu müssen, fällt ihm wahnsinnig schwer. Langsam beginnt der Zug aus dem Bahnhof zu rollen, und wir winken aus dem Fenster. Ich weiß noch, dass ich Onkel Hiro durch die Scheibe nachschaue, bis ich ihn nicht mehr sehen kann. Er, den wir sonst nur gut aufgelegt kennen, steht am Bahnsteig neben einer Telefonzelle und weint so sehr, dass es ihn richtig schüttelt. »Um Gottes willen, der Lumpi hat Geburtstag«, ruft da die Mama plötzlich, »heute ist doch der 25. September.« Der Vater hebt einen Koffer wieder von der Ablagefläche herunter und legt ihn von einem Sitz zum anderen, sodass ein kleiner Tisch entsteht. Unsere Mutter packt ein Tuch aus und breitet es über die improvisierte Geburtstagstafel, stellt ein paar Kekse und eine Flasche Wasser darauf. »Jetzt feiern wir deinen Geburtstag«, sagt sie zum Kleinen, der sich freut und furchtbar stolz ist: »Mein Geburtstag wird in der Eisenbahn gefeiert!« Den Anlass für die erste Zugfahrt seines Lebens kann er mit seinen vier Jahren noch nicht verstehen.

Ein Studentenheim in Zagreb ist unsere erste Station in der Emigration. Durch das Empfehlungsschreiben des Priesters, das mein Vater bei sich trägt, finden wir dort Unterschlupf. Ende September haben die Studenten noch Ferien, daher ist das Heim leer, und wir können in einem großen Schlafsaal fünf Betten belegen. »Gute Nacht«, wünschen wir einander und drehen das Licht ab, um nach der langen Zugfahrt Schlaf zu finden. Patsch, fällt plötzlich von oben etwas auf meinen Kopf. Patsch, patsch, plumpst im Nachbarbett etwas auf meinen Vater nieder. »Wanzen sind das«, ruft der Papa entsetzt, als er noch einmal den Lichtschalter betätigt, um herauszufinden, worum es sich handelt. Nun sehen wir, dass all unsere Betten voller dunkelbrauner kleiner Tierchen sind. Sobald die Lampen ausgehen, spüren die Wanzen die Wärme unserer Körper und fallen eine nach der anderen wie Regentropfen auf uns nieder. Wir Kinder ziehen uns die Decke über den Kopf, um schlafen zu können. »Ich werde noch wahnsinnig«, wälzt sich unser Vater die ganze Nacht hin und her. Er, der ohnehin so etepetete ist, leidet besonders. Aber immerhin haben wir ein Dach über dem Kopf.

So schnell wie möglich erledigt der Vater in Zagreb die Behördenwege, und über eine Organisation, die für Flüchtlinge zuständig ist, bekommen wir eine Wohnung zugewiesen.

Wir lassen die Wanzen im Studentenheim zurück und übersiedeln in den Stadtteil Trešnjevka. Unsere neue Bleibe liegt im Parterre eines Einfamilienhauses, besteht aus Zimmer und Küche und ist bis auf einen Herd und eine Abwasch vollkommen unmöbliert. Darum schlafen wir auf dem Boden, rollen unsere Pullover als Kopfpolster zusammen und decken uns mit unseren Wintermänteln zu. »Wir brauchen aber irgendeine Sitzgelegenheit«, sagt die Mama. Der Greißler am Eck schenkt uns Holzkisten, die er nicht mehr braucht. Die größte stellen wir in der Küche als Tisch in die Mitte und die kleineren rundherum. Was übrig bleibt, zerkleinern wir, sodass unsere Mutter den Ofen heizen und kochen kann.

Badezimmer gibt es in unserem Quartier keines, und so besuchen wir am Wochenende regelmäßig ein Tröpferlbad. Die Mama und ich teilen uns eine Kabine, der Papa wäscht sich gemeinsam mit den Buben, und danach gehen wir manchmal noch ins Gasthaus.

Es ist eine Siedlung am Stadtrand, in der wir in Zagreb für einige Monate Unterschlupf finden, mit vielen Gärten und einer Eisenbahnbrücke, über die unweit unseres Hauses die Züge fahren. Ein Wirt in der Nachbarschaft bereitet im Spätherbst vor seinem Lokal im Gastgarten noch Spanferkel zu. Wir Kinder sind fasziniert, denn noch nie haben wir ein ganzes Schwein auf einem Spieß gesehen. Als es schon kälter wird, steht ein Maroniverkäufer unter der Brücke. Er verkauft die Maroni gekocht statt gebraten und packt sie in Papierstanitzel. »Vruć Kastanie, vruć Kastanie«, ruft er, und wir haben unseren Spaß. Die »rutschen«, die Kastanien! Fast achtzig Jahre später hat mich in Wien vor nicht allzu langer Zeit ein junger Rot-Kreuz-Sanitäter zu Hause abgeholt und ins Krankenhaus gebracht. Im Gespräch stellte sich heraus, dass er kroatische Wurzeln hat. »In der Trešnjevka haben Sie gewohnt? In diesem Stadtteil habe ich Verwandte«, hat er mir erzählt, nachdem ich ihm von meiner Zeit in Zagreb berichtet hatte. »Wissen Sie was«, sagte der junge Mann, »dort unter der Brücke steht auch heute noch ein Maroniverkäufer!«

Meine Eltern, meine Brüder und ich sind in unserer Wohnung in der Gartensiedlung Trešnjevka nicht allein untergebracht. Unser Zimmer teilen wir uns mit anderen Flüchtlingen: Ein Wiener Ehepaar hat sein Nachtlager rechts vom

Fenster am Boden aufgeschlagen, während wir uns auf der linken Seite eingerichtet haben. Die Küche ist der gemeinsame Aufenthaltsraum. Einmal legen wir uns abends nieder, und das Ehepaar will neben uns miteinander schlafen. Unser Vater wird wahnsinnig wütend: »Die Kinder liegen hier, was bildet ihr euch ein! Geht wenigstens in die Küche!« Kurz darauf bringen unsere Wohnungsgenossen den Papa zur Weißglut: In Zagreb unterstützt uns die Hilfsorganisation, die uns die Wohnung verschafft hat, auch bei den Mietkosten. Eines Tages möchte der Vater das Geld für die noch offene Monatsmiete von der Organisation abholen, als die ihm nichts mehr aushändigen will: »Ihre Mitbewohner sind bereits vorbeigekommen und haben die Wohnungsmiete ausgezahlt bekommen«, wird ihm erklärt. Beim Vermieter jedoch ist der offene Betrag nie gelandet. Mein Vater ist keiner, der eine Rauferei anfängt, aber in dieser Situation müssen wir ihn richtig vor sich selbst schützen. Angeblich ist das Ehepaar mit dem Geld für unser Quartier einfach schön essen gegangen. »Ich lass mich nicht euretwegen in Verruf bringen und auf die Straße werfen«, schreit unser Vater die zwei an, »ihr kommt mir nicht mehr in diese Wohnung! Raus mit euch!« Er schäumt vor Wut und setzt das Ehepaar vor die Tür.

Arbeiten darf mein Vater in Zagreb als Flüchtling offiziell nicht, doch wir brauchen dringend Geld. Es ist ihm unangenehm, Unterstützung von Hilfsorganisationen anzunehmen, und er bemüht sich, uns so schnell wie möglich selbst zu versorgen. Er bittet bei Tischlern um Holzabfälle und bekommt sie geschenkt oder um einen symbolischen Preis. Aus feinblättrigen Furnierresten und ein wenig Leim setzt er Bilder zusammen: Er klebt den Stephansdom oder das Riesenrad, macht einen Rahmen rundherum und verkauft seine Werke. Sein Können spricht sich herum, und bald bekommt er Bestellungen. Ich begleite ihn regelmäßig, wenn er Besorgungen macht, und bin einmal dabei, als er ein Ehepaar in einer prächtigen Villa besucht. Für ihr Stiegenhaus haben die Villenbesitzer einige Bilder aus Holz bei meinem Vater in Auftrag gegeben. Außerdem beginnt der Papa, Kirchen zu renovieren. Irgendeinem Heiligen aus Holz fehlt ein Finger, mein Vater macht ihm einen wunderschönen neuen, und der Priester ist so zufrieden, dass er dem Papa zu weiteren Aufträgen verhilft. Unser Vater repariert Beichtstühle, Kirchenbänke oder wurmzerfressene Altäre, und eines Tages übernimmt er bei der Renovierung einer kleinen Kirche sogar die gesamten Holzarbeiten. Als alles fertig ist, erledigen meine Mutter und ich die Reinigung. Die Mama schrubbt kniend den neuen Holzboden, während ich die Bänke wasche und von draußen Wasser in die Kirche schleppe. So bekommen wir Geld fürs tägliche Leben. Auch ein Papiersack voll trockener Kekse und eine Stange Wurst als Gegengeschäft für Vaters Arbeit helfen uns schon weiter.

Irgendwann müssen wir unsere Koffer wieder packen, denn in Zagreb verlängert man unsere Aufenthaltsbewilligung nicht. Ich weiß, dass es nach ein paar Monaten und noch in der kalten Jahreszeit geschieht, denn wir verlassen Jugoslawien wieder und erhalten eine Genehmigung für Triest, wo es im Winter furchtbar stürmt. Ein alter Italiener spaziert mithilfe seines Stockes am Ufer entlang und wird von einem Windstoß beinahe ins Meer geweht, als ihm mein Vater gerade noch rechtzeitig zu Hilfe eilt. »Hängen Sie sich bei mir ein«, deutet er dem Herrn und führt ihn zu einer windgeschützten Stelle über die Straße. In Triest übernachten wir in einem Hotel, das vielen Flüchtlingen Unterkunft bietet. Es ist ein mieses Quartier mit Räumen, die zum Fürchten sind, unheimlich, finster und dreckig. Wir Kinder bewegen uns keinen Schritt ohne unsere Mutter.

Heute habe ich nicht mehr die Namen aller Städte im Kopf, in denen wir in den Jahren 1939 und 1940 in Italien und im ehemaligen Jugoslawien Schutz gesucht haben. Gefühlt waren es unzählige. In jeder Stadt müssen wir aufs Neue eine Aufenthaltsbewilligung beantragen. Nirgends lässt man uns lange bleiben.

Wir übernachten in billigen Hotels und Pensionen, manchmal in Jugendherbergen oder Studentenunterkünften. Dabei haben wir das Glück, dass unsere Mutter die Gabe besitzt, auch die schäbigste Unterkunft gemütlich zu machen. Sie legt ein hübsches Geschirrtuch auf den abgenützten Tisch im Hotelzimmer oder stellt eine Schüssel mit Obst auf. Dann kuscheln wir uns mit ihr unter die Decke, sie erzählt uns ein Märchen, und wir vergessen, wo wir sind. Im Winter zerkleinert sie manchmal eine Obstkiste, macht ein kleines Feuer im Ofen und lässt das Türchen offen, sodass wir den tanzenden Flammen zusehen können. Oft singt sie uns dabei etwas vor. »Mama, bitte sing ›Salome‹«, wünschen wir uns immer wieder. Das Lied aus der Operette von Robert Stolz lieben wir besonders. »Mariechen saß weinend am Strande« ist eines unserer weiteren Lieblingsstücke. »Das ist so schön traurig, bitte sing es«, rufen wir, und jedes Mal bringt mich der Text zum Weinen. Tränen rinnen mir die Wangen herunter, wenn sich herausstellt, dass Mariechen samt Baby vergeblich am Strande sitzt, da ihr Fischersmann längst im tiefen Meer begraben liegt.

Regelmäßig helfe ich meiner Mutter beim Handarbeiten.

Wird ein Kleidungsstück an einer Stelle kaputt, arbeiten wir den noch brauchbaren Rest zu etwas anderem um. Aus Papas Hemden entstehen Oberteile für meine Brüder. Aus den noch schönen Beinen einer alten Hose schneidert die Mama Röcke für uns beide. Dank des Geschicks meiner Mutter sind wir auch in Zeiten größter Armut immer ordentlich angezogen.

Als Flüchtlinge dürfen wir Kinder die Schule nicht besuchen, und so verbringen wir den ganzen Tag mit unserer Mutter, während der Vater sich bemüht, mit Tischlerarbeiten Geld zu verdienen. Unterrichtet werden wir trotzdem. Immer organisiert der Papa irgendwie Papier und Bleistifte, und die Eltern halten von Montag bis Freitag jeden Vormittag Schulunterricht für uns ab, unabhängig von unserem Aufenthaltsort.

Als ob wir Touristen wären, machen wir bei der Ankunft in jeder neuen Stadt außerdem eine Besichtigungstour. »Wenigstens diesen Nutzen sollt ihr aus unserer Situation ziehen«, sagt der Papa, »wenigstens das Land sollt ihr kennenlernen.« In Mailand weigere ich mich, zum Spazierengehen in der Stadt meine hochgeschlossenen Schnürschuhe anzuziehen. »Sicher nicht«, sage ich, »wie schaut denn das aus!« Ich bin zwölf Jahre alt und eitel. »Du kriegst Blasen, wenn du die festen Schuhe nicht trägst, wir gehen eine Weile. Zieh sie an!«, verlangt der Vater. Ich bleibe stur. »Dann bleibst du hier«, sagt der Papa und sperrt mich im Hotelzimmer ein, während der Rest meiner Familie einen Stadtrundgang macht. In einer anderen italienischen Stadt mieten wir eines Tages ein billiges Zimmer in einem Stundenhotel. Erst als ich ein Gespräch meiner Eltern aufschnappe, verstehe ich, wo wir gelandet sind. »Mama, Mama! Ich war in einem

Raum mit lauter nackten Frauen«, ruft Heinzi, der sich im Stock geirrt und eine falsche Zimmertür geöffnet hat. Artistinnen habe er gesehen, Tanzübungen hätten sie gemacht, alle unbekleidet. Heinzi ist entsetzt, aber wir lachen herzlich. »Warum hat das nicht mir passieren können!«, scherzt der Papa.

Meist erfährt unser Vater über Hilfsorganisationen, welche Quartiergeber in einer Stadt dazu bereit sind, Flüchtlinge aufzunehmen. Immer erhält er außerdem ein Unterstützungsschreiben des örtlichen Priesters, der uns seinem Kollegen an unserem nächsten Ziel weiterempfiehlt. In späteren Jahren der Emigration kann sich der Vater bereits auf Italienisch verständigen, eine slawische Sprache beherrscht er jedoch nie, und so bemüht er sich stets, Menschen kennenzulernen, die Deutsch sprechen oder für ihn übersetzen können. Mundpropaganda ist essenziell für unser Vorankommen. Immer wieder treffen sich die Eltern mit anderen Flüchtlingen, um sich über Reiserouten und bürokratische Hürden auszutauschen. »Habt ihr schon gehört, dass Frankreich jetzt Leute aufnimmt?«, erzählt man sich dort etwa, oder: »Lasst euren Pass noch verlängern, bevor er ausläuft. Wer zu spät dran ist, bekommt neuerdings ein J für Jude hineingestempelt.«

Abgesehen von Triest und Mailand habe ich Padua als Zwischenstation in Erinnerung, bevor wir im Herbst 1939 San Remo erreichen. Es muss Herbst gewesen sein, denn als wir unsere Pension beziehen, ist Weintrauben- und Feigenzeit. Kurz bevor der Markt schließt, werden kleine Häufchen frischer Feigen günstig verkauft, und der Vater lässt welche für uns einpacken. Wir essen sie am Strand, wo die Sonne kräftig vom Himmel scheint und wir noch im Meer

Gertrude und ihr Vater, Mailand 1939

schwimmen gehen können. Mit den vielen Koffern und uns drei Kindern fallen meine Eltern in jedem Ort auf, an den wir kommen. Häufig sind die Menschen neugierig und fragen nach unserer Herkunft. So lernen wir in San Remo einen Herrn kennen, der uns auf seinen Weinberg einlädt. Er baut Weintrauben für Cognac an, wir dürfen probieren und beißen beeindruckt in die größten Trauben, die wir je gesehen haben.

»Ich habe alles vereinbart. In ein paar Tagen geht es los«, sagt mein Vater eines Abends. Dass wir uns in San Remo aufhalten, einer Stadt nahe der französischen Grenze, ist kein Zufall. Schon länger hofft der Vater, eine Möglichkeit zu finden, illegal nach Frankreich zu gelangen. Nun soll es so weit sein. In Ventimiglia, einer kleinen Stadt noch weiter westlich, hat er Kontakt mit Fischern aufgenommen, die in ihren Booten in der Nacht Menschen nach Frankreich schmuggeln. Nicht einmal zehn Kilometer liegt der Ort von der französischen Grenze entfernt. Der Plan: Wir sollen uns in einem Fischerboot auf den Boden legen und mit einer Plane zugedeckt werden. Der Fischer rudert aufs Meer, tut so, als würde er seine tägliche Arbeit verrichten, und transportiert uns dabei von Italien aus auf die andere Seite. »Wichtig ist, dass ihr euch während der Fahrt vollkommen ruhig verhaltet«, sagt der Papa. Wir nicken.

In einer Nacht, bevor wir an die Reihe kommen, fängt ein Kind während der Schmuggelfahrt unter der Plane zu weinen an. Die Grenzwache hört es, beordert den Fischer zurück an Land und setzt den illegalen Transporten fortan ein Ende. Wieder ein Rückschlag. Wir verlassen unsere Pension in San Remo und steigen aufs Neue in den Zug. Unsere nächste Station heißt Genua. Rund um den Jahreswechsel 1939/40 wird die Hafenstadt in Norditalien für eine Zeitlang zu unserem Zufluchtsort.

Ich sehe mich noch allein durch die Altstadt spazieren, fasziniert von all den Menschen, die warm eingepackt ihre Einkäufe für den Heiligen Abend erledigen. Ich kann mich daran erinnern, dass ich traurig durch die Straßen gehe, denn in Genua steht unser zweites Weihnachten in der Emigration vor der Tür, und wieder kann ich meiner Familie nichts schenken. Plötzlich fällt mein Blick auf ein kleines Päckchen, das am Straßenrand liegt. Jemand muss es verloren haben. Ich hebe es auf und sehe mich nach dem Besitzer um. Menschen gehen mit ihren Weihnachtseinkäufen in alle Richtungen an mir vorbei, doch niemand scheint zu vermissen, was ich soeben entdeckt habe. Neugierig öffne ich die kleine Schachtel und finde ein Paar Lederhandschuhe für Herren darin. Als mein Vater sie zu Weihnachten bekommt, freut er sich sehr. Dass die Handschuhe gefundenes Gut sind, bleibt mein Geheimnis.

Als er in Genua wieder einmal Behördenwege erledigt, macht mein Vater Bekanntschaft mit einem Herrn, der so wie wir auf der Flucht ist. Er ist alleinstehend und stammt ebenfalls aus Wien. Der Mann tut meinem Vater leid, und obwohl wir selbst nicht viel haben, lädt er ihn manchmal zum Essen ein. Auf einem Spirituskocher bereitet die Mama in unserem billigen Hotelzimmer unsere Mahlzeiten zu. »Wollen Sie noch einen Obstknödel?«, fragt sie den Immigranten, als es ihm sehr zu schmecken scheint. »Nein danke, ich hab ja schon drei Stück gegessen«, lehnt er höflich ab. »Vier Stück waren es!«, korrigiert ihn der Lumpi und bringt uns damit sehr zum Lachen. »Lumpi, wir haben gar nicht gewusst, dass du schon zählen kannst!«, rufen wir. Bei jeder

Mahlzeit fällt meinem Vater und mir die Aufgabe zu, darauf zu achten, dass auch die Mama ausreichend isst. »Du musst«, ermahnen wir sie regelmäßig, wenn sie nur wenige Bissen nimmt, damit uns Kindern mehr bleibt. »Danke Mama, das war gut«, sagen wir nach jedem Essen, auch wenn es noch so spärlich ausfällt. Als Dank dafür, dass er von unserer Mutter bekocht wird, passt der Immigrant manchmal auf Lumpi, Heinzi und mich auf. Wenn die Eltern ausgehen, um bei Treffen mit anderen Flüchtlingen unsere weitere Route zu planen, bleibt er bei uns und erzählt Geschichten.

»Heute bin ich sehr erschöpft«, erklärt meine Mutter dem alleinstehenden Wiener eines Tages, während sie Germknödel macht, »ich habe so stark Migräne.« Nach dem Kochen bedeutet der Herr unserer Mutter, sie solle kurz Platz nehmen. »Ich werde Ihnen helfen«, sagt er und beginnt, mit seinen Händen über ihrem Kopf zu kreisen. Fasziniert und mucksmäuschenstill beobachten wir Kinder seine Bewegungen und dass er seine Hände zwischendurch ausschüttelt, so als wollte er Mamas Kopfschmerzen zu Boden beuteln. Leise murmelt er dabei vor sich hin. »Geht es schon besser?«, will der Herr von unserer Mutter wissen, nachdem er seinen Therapieversuch beendet hat. Vorsichtig betastet sie ihren Kopf. Tatsächlich ist ihre Migräne weg. »Hokuspokus! Ein Zauberer ist das«, ruft der Lumpi. Noch bevor wir Genua wieder verlassen müssen, stirbt der Herr Zauberer plötzlich. Mein Vater ist bei ihm, als er im Spital an den Folgen eines Herzinfarktes zu Tode kommt.

Vor allem in der Hoffnung, nach Frankreich zu gelangen, hatten wir uns bis San Remo immer weiter in den Westen Italiens bewegt. Von Genua aus möchte mein Vater jedoch wieder zurück ins Königreich Jugoslawien. Italien wird ihm mit Mussolini als Hitlers Verbündetem zu gefährlich. Aber diesmal genehmigt uns Jugoslawien die Einreise nicht. Nach einem Zwischenstopp in Venedig stehen wir mit unseren Koffern im heutigen Rijeka, und mein Vater überlegt fieberhaft, wie wir über die Grenze gelangen könnten. Es muss das Frühjahr 1940 sein, und wieder einmal beziehen wir für einige Wochen ein Hotelzimmer. Rijeka ist damals eine zweigeteilte Stadt. Jene Stadthälfte, in der wir uns befinden, wird auf Italienisch Fiume genannt und gehört zu Italien. Die andere Seite der Stadt heißt Sušak und wird von Jugoslawien verwaltet. Ein Fluss bildet die Grenze. Ich als Älteste weiß, was unsere Eltern vorhaben, als wir eines Tages beginnen, am Flussufer mit dem Vater Ball zu spielen. Meine Brüder laufen nichtsahnend neben der schmalen Brücke umher, die von Italien nach Jugoslawien führt. »O nein«, ruft Heinzi aufgeregt, als unser Vater den Ball plötzlich mit einem zufällig wirkenden Schuss nach Jugoslawien befördert. Heinzi läuft über die Brücke, um seinen Ball wieder zurückzuholen, und ich nehme Lumpi an der Hand und renne hinterher. Lachend schauen die Grenzsoldaten uns Kindern beim Spielen zu. Ein Auto parkt neben der Brücke in Jugoslawien, und eine Nonne steigt aus. Als Mutter und Vater sehen, dass wir gut auf der jugoslawischen Seite angelangt sind, beeilen sie sich zu verschwinden, bevor sie von der Grenzpolizei festgenommen werden können. »Ihr dürft euch nicht nach uns umdrehen, sobald ihr über der Brücke seid«, hat mir der Papa vor unserem Manöver noch eingeschärft. Die Nonne ist in den Plan meiner Eltern eingeweiht und weiß, dass wir nach Jugoslawien flüchten. Heinzi hat gerade den Ball vom Boden aufgehoben, als sie ihn plötzlich schnappt und ins Auto zerrt. Der Ahnungslose wird blass vor Schreck. »Das geht schon in Ordnung«, kann ich Lumpi noch zuflüstern, bevor ich ebenfalls mit ihm in den Wagen steige. Die Nonne startet den Motor und gibt Gas. Durch die Scheibe werfen wir einen letzten Blick nach Italien. Von unseren Eltern fehlt bereits jede Spur.

Die fremde Frau fährt uns in ihr Kloster, das in der Nähe des heutigen Rijeka liegt, und abends werden wir in einen Schlafsaal mit mehreren Betten geführt. Zwar dürfe ich mit meinen Brüdern in einem Raum schlafen, jedoch müsse zwischen uns Geschwistern jeweils ein Bett unbelegt bleiben, erklärt uns die Nonne. »Gute Nacht«, sagt sie und schließt die Tür hinter sich. Sobald sie weg ist, kuscheln wir uns alle drei zusammen in ein Bett. Ich kann vor Sorge um unsere Eltern kein Auge zutun, und Heinzi neben mir fängt an, vor sich hin zu weinen. »Wo sind Mama und Papa? Ich habe solche Angst.« Er ist derjenige von uns, der immer am leichtesten seinen Emotionen nachgibt, aber still und leise, nur für sich. »Schau, Gerti, der Dumme, der weint«, kichert der Lumpi. »Lass ihn in Ruhe«, sage ich zum Kleinen und nehme den Heinzi in den Arm, um ihn zu trösten. Da fängt der Lumpi ebenfalls an zu heulen: »Aber ich hab doch auch Angst um Mama und Papa!« Kurz darauf liegen wir alle drei weinend unter der Decke.

Da wir uns nun illegal in Jugoslawien aufhalten, müssen die Nonnen uns im Kloster weitgehend versteckt halten. Die meiste Zeit verbringen wir allein in unserem Zimmer. Abwechselnd fangen Heinzi und Lumpi auch untertags an zu heulen, und ich habe meine Mühe, sie zu beruhigen. Immer wieder lasse ich mir neue Spiele einfallen, um sie zu beschäftigen. Mit »Ich seh, ich seh, was du nicht siehst«, »Personen raten« oder Wörterketten versuche ich, die Buben von der quälenden Sorge um unsere Eltern abzulenken. Wie lange wir in Ungewissheit im Kloster verbringen, vermag ich aus meinem damals kindlichen Zeitempfinden nicht mehr zu sagen. Mindestens eine Woche, wenn nicht länger.

Irgendwann klopft die Nonne wieder an die Zimmertür und überbringt uns das langersehnte Lebenszeichen unserer Eltern. »Ihr könnt jetzt zu ihnen fahren. Sie sind in Jugoslawien angekommen«, erklärt sie uns. Sobald sie gesehen hatten, dass wir Kinder sicher über die Brücke gelangt waren, sind Mutter und Vater losgewandert: Zu Fuß marschierten sie in den Bergen illegal von Italien nach Jugoslawien. »In Ljubljana sind sie von der Polizei aufgegriffen und inhaftiert worden. Sie erwarten euch im Gefängnis«, erzählt mir die Nonne. Sie packt unsere wenigen Sachen rasch in einen Rucksack, überreicht uns Pakete mit Proviant und fährt uns zum Bahnhof, wo sie uns Tickets nach Ljubljana besorgt. Der Schaffner erklärt sich einverstanden damit, ein Auge auf uns Kinder zu haben, und so reisen wir zum ersten Mal im Leben allein mit dem Zug. In Ljubljana erwartet uns am Bahnhof bereits die Polizei. Weinend liegen wir wenig später Mutter und Vater in einer kahlen Gefängniszelle in den Armen. »Bin ich froh, dass ihr da seid«, drückt uns die Mama an sich. Von dem beschwerlichen Marsch über die Berge hat sie Blasen an den Füßen. Wie Spaziergänger, die sich zufällig verlaufen haben, wollten meine Eltern bei ihrem illegalen Grenzübertritt aussehen, und so hat sich unsere Mutter nicht getraut, feste Schuhe zu tragen. Nach der Begrüßung sehe ich mich in unserem Arrestraum um: Ein Tisch mit Bank steht hier und ein paar Stahlrohrbetten. Der Lumpi ist der Einzige, für den das Leben hinter Gittern etwas erträglicher ist. Immer, wenn er an die graue Eisentür klopft, kommt ein Polizist und schaut durch eine Klappe herein. »Was ist?«, fragt der Beamte. »Ich muss aufs Klo«, erklärt mein kleiner Bruder. Dem Polizisten tut der Fünfjährige leid. Er lässt ihn aufs Klo gehen und nimmt ihn danach mit in den Innenhof, um ein wenig mit ihm Ball zu spielen. Mit einem Taschenmesser ritzt mein Vater für uns ein Spielfeld in den Tisch im Arrestraum. Unsere Mutter schneidet Knöpfe von unserer Kleidung ab, und so können wir damit »Mühle« spielen. Auch unseren täglichen Schulunterricht führen die Eltern im Gefängnis fort. Wir vertreiben uns die Zeit mit Lese- und Schreibübungen auf einem Blatt Papier.

Zwar versuchen unsere Eltern selbst im Gefängnis von uns fernzuhalten, in welch kritischer Situation wir uns befinden, doch die Bedrohung ist deutlich spürbar. Jugoslawien will uns nach Deutschland abschieben, und der Vater setzt alle Hebel in Bewegung, um das zu verhindern. Der Papa bemüht sich, uns zu schützen, aber er macht während des Krieges keinen einzigen Alleingang. Als in den Monaten zuvor das Angebot eines Kindertransports nach Holland im Raum stand, machte er das weitere Vorgehen von uns abhängig. »Ich kann das nicht mehr für euch entscheiden. Es ist euer Leben«, erklärte er, »ihr könntet in Holland ordentlich wohnen und essen. Überlegt es euch.« Wir Kinder haben den Kopf geschüttelt. »Wir gehen nirgends hin ohne euch.« Durch die Liebe unserer Eltern fühlen wir uns in Sicherheit, egal wo wir sind. Bis heute rechne ich meinem Vater hoch an, dass er uns miteinbezogen hat. Für Mama und Papa wäre vieles leichter gewesen, hätten sie uns weggeschickt und nur für sich selbst sorgen müssen.

Ob unsere Familiengeschichte anders verlaufen wäre, wenn wir Kinder damals nach Holland gereist wären?

Familie Pressburger in Ljubljana, 1940

Es bringt nichts, sich darüber den Kopf zu zerbrechen. Und es ist sehr fraglich, denn schon 1940 kapitulierten auch die Niederlande vor Hitler.

Zu fünft sitzen wir also in Jugoslawien in unserer Gefängniszelle und beten, nicht ins Deutsche Reich zu müssen. Ich weiß nicht mehr, ob wir eine Woche in Haft waren oder länger und ob meinem Vater zwischendurch gestattet wurde, zu telefonieren. Irgendwie gelingt es ihm, den Bischof von Ljubljana zu kontaktieren.

Wenig später tritt große Erleichterung ein. Der Bischof erwirkt unsere Entlassung aus dem Gefängnis, verhindert die Abschiebung und quartiert uns in einem Kloster ein, bis wir eine offizielle Aufenthaltsbewilligung für Ljubljana erhalten. Als uns Bleiberecht gewährt wird, hilft er uns dabei, in einem Vorort von Ljubljana ein Zimmer mit Küche anzumieten. Ab August 1940 können wir dort zum ersten Mal seit zwei Jahren ein geregeltes Leben führen. Mein Vater darf arbeiten! Heinzi und ich dürfen die Schule besuchen! Unsere Wohnung ist möbliert, die Küche ist eingerichtet, und wir schlafen in richtigen Betten. Aus dem Fenster blickt man auf Bauernhöfe und weite Felder. Ich weiß nicht, wie, aber meinen Eltern gelang es sogar, unsere Koffer nach Jugoslawien zu schaffen. Helfende Hände müssen ihnen das Gepäck ins Gefängnis gebracht haben, und so sind wir im Besitz unseres gesamten Hab und Guts.

Intarsienarbeiten sind zu dieser Zeit groß in Mode, und mein Vater versteht als Kunsttischler viel davon. Tischplatten werden mit Blumenmustern aus verschiedenfarbigem Holz verziert oder das Kopfteil eines Bettes mit Engeln. Mein Vater zeichnet sich die Muster vor und arbeitet je nach Kundenwunsch Dekorelemente in die Möbelstücke ein. Der

Tischler, für den er tätig ist, ist sehr zufrieden, und der Papa bekommt viele Aufträge.

Da ich bei unserer Ankunft in dem kleinen Ort bei Ljubljana kein Wort Slowenisch kann, ist es mir in den ersten Wochen unseres Aufenthaltes unmöglich, dem Unterricht zu folgen. Schnell spricht sich herum, dass wir aus Deutschland kommen, und einer der Lehrer hat es richtig auf mich abgesehen. »Morgen ist Turnen«, kündigt er zum Beispiel auf Slowenisch an, und am nächsten Tag bringen alle meine Mitschüler ihre Sportsachen mit. Außer mir, denn ich habe nicht verstanden, dass wir sie brauchen werden. »Gertrude missachtet mich!«, schimpft mich der Lehrer vor der ganzen Klasse. Vor lauter Nervosität fahre ich mir in dieser Zeit ständig mit der Zunge über die Lippen. »Unsere neue Schülerin zeigt mir die Zunge«, beschwert er sich daraufhin beim Direktor. Der Schulleiter aber weiß, dass wir Flüchtlinge sind. »Die Pressburgers sind keine Deutschfreundlichen«, erklärt er dem Lehrer, und »Gertrude zeigt niemandem die Zunge, sie ist nur nervös.« Von diesem Zeitpunkt an ist der Lehrer wie ausgewechselt. »Flüchtlinge sind das! Da helfe ich doch!« Wo es ihm möglich ist, unterstützt er mich beim Slowenischen, und bald kann ich mich gut verständigen und mitlernen. Wenn der Lehrer Deutsch unterrichtet, darf ich sogar an seiner Stelle den Schulstoff erklären. »Gertrude kann viel besser Deutsch als ich«, sagt er und bittet mich nach vorne an die Tafel.

Zu Hause prüft der Vater regelmäßig die Hefte. Eine meiner Mitschülerinnen ist die Tochter unserer Nachbarn, und sobald sie die Hausaufgaben erledigt hat, leiht der Papa sich ihr Heft aus. Wort für Wort kontrolliert er, ob ich dasselbe geschrieben habe wie sie. Stimmt etwas nicht überein, wird es ausgebessert, und ich werde geschimpft. »Das gibt es nicht«, runzelt der Lehrer die Stirn, als er sich meine Hausübungen durchliest, und lässt meinen Vater in die Sprechstunde kommen. »Ich kontrolliere die Aufgaben, weil meine Tochter noch nicht so gut Slowenisch kann«, erklärt der Papa und erzählt, dass ihm das Heft meiner Mitschülerin als Vorlage dient. »Ach, deshalb macht Ihre Tochter jedes Mal exakt gleich viele Fehler!«, ruft der Lehrer und lacht, »Ihr Nachbarsmädchen ist doch unsere schlechteste Schülerin!«

»Hoffentlich bestehst du das Schuljahr, mach mir ja keine Schande«, sagt mein Vater streng. Als die Zeugnisse am Ende des Semesters ausgeteilt werden, sind auch meine Eltern anwesend. Wir werden einzeln aufgerufen, und ich bin furchtbar nervös. »Dich muss ich besonders loben«, sagt der Lehrer, als er mir vor versammeltem Publikum meine Noten überreicht, »obwohl du die Sprache nicht konntest, hast du ein wirklich schönes Zeugnis.« Ich kann mich daran erinnern, dass ich es gerade noch schaffe, danke zu sagen, bevor ich vor lauter Erleichterung in Ohnmacht falle.

Während unserer Zeit in der Nähe von Ljubljana besuche ich die zweite Klasse Hauptschule, Heinzi die dritte Klasse Volksschule, und Lumpi ist noch nicht alt genug für den Unterricht. In unserem überschaubaren Vorort am Stadtrand sind wir gut integriert, nehmen am Dorfgeschehen teil und treffen uns nachmittags mit Freunden. Mittlerweile bin ich dreizehn Jahre alt und versuche mich an meiner ersten Zigarette. Einer meiner Mitschüler hat ein Päckchen dabei, als wir in einer Runde beisammensitzen. Danach stehlen wir Futterrüben vom Feld und beißen hinein, um den Zigarettengeruch aus dem Mund zu bekommen. »Du wirst doch nicht krank werden«, fasst mir meine Mutter besorgt an die

Stirn, als mir abends übel wird. Dass eine Zigarette daran schuld ist, beichte ich natürlich nicht.

Als Mitte April 1941 die jugoslawische Wehrmacht vor den Deutschen kapituliert und die vollständige Besetzung des Landes durch Hitler und seine Verbündeten festgelegt wird, wird Ljubljana von den Italienern eingenommen – einige Vororte im Norden der Stadt aber geraten unter deutsche Kontrolle. Ich stehe mit meinen Freunden an der Hauptstraße unserer Ortschaft, als im Frühjahr 1941 Soldaten auf Lastwägen an uns vorbeifahren. Der politische Hintergrund ist mir damals kein Begriff, aber ich erkenne die Hakenkreuze auf ihren Uniformen. Ich weiß, dass wir uns in der deutschen Zone befinden. Und ich weiß, dass wir schleunigst hier wegmüssen.

Ein ganzes Bubeninternat muss während der ersten Tage der deutschen Okkupation von unserer Ortschaft aus auf die italienische Seite transportiert werden. Da die Eltern der Schüler im Stadtzentrum von Ljubljana leben und dieses nun unter italienischem Einfluss steht, wird den Buben ein Schulbesuch auf deutschem Gebiet nicht mehr gestattet. Eigens organisierte Busse bringen die Schüler mit ihrem Gepäck über die Grenze. Der Schuldirektor erklärt sich einverstanden, auch meinen Vater und meine zwei Brüder mitzunehmen. Samt zwei unserer Koffer mischen sie sich unter die Schülergruppen, setzen sich in einen der Busse und gelangen unbemerkt in die italienische Zone.

Meine Mutter und ich wären zu sehr aufgefallen, und so ist unser Plan ein anderer. Ein Bauer aus der Gegend wird zu unserem Fluchthelfer. »Schau, zieh das an«, reicht mir meine Mutter ein Kleid, ein Kopftuch und ein Tuch für die Schultern, wie es die Landwirtinnen rund um Ljubljana tragen.

Durch die plötzliche Teilung des Stadtgebietes befindet sich der Hof des uns unterstützenden Bauern in der italienischen Zone, ein Teil seiner Felder jedoch auf deutschem Gebiet. Damit er seine Felder weiter bewirtschaften kann, darf der Bauer mit seinem Pferdewagen über die Grenze fahren. Als er am Tag unserer Flucht das erste Mal mit einer Ladung Heu zurück in italienisches Gebiet will, halten ihn die Soldaten auf. Mit ihren Gewehren stochern die Männer im Heu herum, um zu überprüfen, ob der Landwirt auch nichts anderes mit sich führt. »Geht in Ordnung«, sagen die Soldaten und lassen ihn zurück auf seinen Hof fahren. Den ganzen Tag lang bringt der Bauer Fuhren von Heu von der deutschen in die italienische Zone. Abends klettern meine Mutter und ich als Feldarbeiterinnen verkleidet zu ihm auf den Wagen. Unter dem Heuberg verstecken wir unsere Koffer. »Schönen Abend noch«, grüßen uns die Soldaten im Glauben, wir seien Frau und Tochter des Bauern und hätten den ganzen Tag über auf deutschem Gebiet unsere Felder bearbeitet. Erleichtert springen wir in der italienischen Zone vom Wagen. Wieder einmal sind wir auf der rettenden Seite angekommen.

Später kommt uns zu Ohren, dass deutsches Militär nach unserer Flucht unsere leere Wohnung bei Ljubljana durchsucht hat. »Wer hat hier gewohnt?«, erkundigen sich die Soldaten bei unseren Nachbarn. »Deutsche«, wird ihnen gesagt. Da denken die Männer, dass deutschfeindliche Jugoslawen uns umgebracht hätten, und suchen nach den Schuldigen. Bis sie sich auf der Gemeinde unseren Meldezettel ansehen. »Ach! Juden aus Deutschland haben hier gelebt! Alles klar.«

Hinter uns liegt der glitzernde Gardasee, vor dem Fenster ziehen Weinberge und Olivenhaine an uns vorbei, und auf der Rückbank sitzt meine fünfzehnjährige Tochter. Durchs leicht geöffnete Fenster duftet es nach Oleanderblüten, und mein Mann lenkt unseren Wagen ruhig ins Landesinnere. Angespannt versuche ich, mich auf die Umgebung zu konzentrieren. »Caprino« steht auf einem großen Pfeil, und Erich biegt an der nächsten Kreuzung rechts ab. Ich kenne diese Strecke. Ich bin sie mit dem Rad gefahren und manchmal ein Stück mit dem Bus, in der prallen Sonne und mit Gewitterwolken im Rücken, mit Vorfreude aufs Schwimmen und erschöpft nach einem langen Badetag. Jetzt scheint mir alles furchtbar fremd. »So, da sind wir«, sagt mein Mann, parkt das Auto auf einem kleinen Platz, und wir steigen aus. Wir stehen im Zentrum des Städtchens Caprino Veronese, neun Kilometer vom Gardasee entfernt, und ich frage mich, ob es richtig war, hierherzukommen. Weil meine Tochter Christine ihre Brieffreundin in der Nähe von Mailand treffen möchte, sind wir in diesem Sommer Ende der 1970er Jahre in Norditalien unterwegs. »Caprino liegt auf dem Weg«, habe ich zu meinem Mann gesagt, »ich muss es einfach sehen.«

Jetzt, wo wir hier sind, bin ich unruhig. Ich öffne die wuchtige Tür zur Kirche und setze mich in eine der hinteren Bänke. Von meinem Platz aus nehme ich die Stille in mich auf, spüre das kühle Holz der Lehne an meinem Rücken und warte darauf, dass sich irgendetwas in mir tut. Gefühle könnten an diesem Ort über mich hereinbrechen, habe ich mir vorgestellt, Erinnerungen, oder die Stimmen meiner Eltern. Ich habe mich hier schließlich einmal sehr zu Hause gefühlt. »Was ist los, Mama?«, flüstert meine Tochter und drückt meine Hand. »Nichts, leider«, sage ich. Anscheinend wirke ich furchtbar nervös. Später erzählt mir Christine, dass sie sich kaum getraut habe, mich anzusprechen.

Fast schweigend spazieren wir danach durch die kleine Stadt. Viele Neubauten sind entstanden, seit ich vor über dreißig Jahren zuletzt hier war. Nur der Monte Baldo erstreckt sich unverändert am Rande der Ortschaft. »Schaut, da haben wir gelebt«, erkläre ich Erich und unserer Tochter. Fremde Leute stehen in der Tür zu unserer ehemaligen Wohnung, und unsere Vermieterin ist nicht zu Hause. Bei meinem Jugendfreund Sergio öffnet nur seine Schwägerin. Ich weiß nicht, was ich mir erhofft hatte, aber »mein« Caprino gibt es einfach nicht mehr. Plötzlich will ich nur weg. »Fahren wir«, sage ich und gehe zum Auto zurück. Nicht einmal eine Stunde nach unserer Ankunft lassen wir das Städtchen wieder in den Weinbergen zurück.

»Caprino«, sagt mein Vater, »wir haben eine Aufenthaltsbewilligung für Caprino Veronese.« Sobald unsere Familie sich in Ljubljana nach gelungener Flucht vollzählig auf
der italienischen Seite wiederfindet, bemüht er sich um ein
Bleiberecht. Frei können wir nicht sein, sagen die Italiener,
aber »frei interniert«. Sie schicken uns in eine kleine Stadt in
der Nähe des Gardasees. »Frei interniert« bedeutet, dass wir
Caprino nicht verlassen dürfen, dort aber frei leben können.
Wir müssen unseren Pass im Rathaus abgeben und uns während der ersten Wochen jeden Tag bei den Behörden melden.

Der Abschied aus unserem Dorf bei Ljubljana fällt mir
schwer. Wieder müssen wir uns irgendwo einleben. Wieder beziehen wir eine neue Wohnung. Sie liegt im Zentrum
von Caprino, ganz nah an einem Platz, auf dem ein Brunnen steht. Zwei Gasthäuser und ein Kaffeehaus gibt es in der
Stadt, ein Spital und sogar ein Kino. Wir haben nicht viel
Geld, aber ab und zu darf ich mir eine Karte kaufen. »Lass
sie, all ihre Freunde gehen auch. Sie wird jetzt erwachsen«,
sagt meine Mutter zum Vater. Ich weiß noch, dass ich mir
den Film »Vergiss mein nicht« mit Beniamino Gigli ansehen
durfte. Schon nach kurzer Zeit sprechen wir Kinder fließend
Italienisch. Der Schulbesuch wird uns nicht gestattet, aber
der Vater darf offiziell arbeiten gehen.

Irgendwann kennt man uns in Caprino, und die Behörden
sind etwas weniger streng mit uns. Wenn der Vater frei hat,
gehen wir in die Berge oder fahren an den Gardasee zum Ba-
den. Ich bin vierzehn Jahre alt und helfe den Bauern im Ort
unentgeltlich bei ihrer täglichen Arbeit. Unter den Jugendlichen in Caprino ist das üblich, und so schließe ich schnell
neue Freundschaften. Wir graben Löcher in den Boden und
setzen Erdäpfel, wir rechen frisch gemähtes Gras auf Berg-

Mama und die Brüder, 1942

hängen zu großen Haufen oder schälen Mais. Die Arbeit ist anstrengend, aber in der Gruppe halb so wild. Wir singen, blödeln und machen Witze. Trockene Maisblätter, die beim Schälen übrig bleiben, bringe ich mit nach Hause. Regelmäßig stellen der Vater und ich damit Matratzen für unsere Betten her. Wir füllen Strohsäcke mit den Maisblättern und nähen sie zu. Bis die Blätter zerbröselt sind, können wir eine Zeitlang weich darauf liegen. Kastanienbäume stehen am Waldrand, und die Bauern erlauben uns, zu Boden gefallene Maroni einzusammeln. In einem großen Sack tragen wir sie nach Hause. Da es kein Mehl gibt, benutzt unsere Mutter die Maroni als Verdickungsmittel und mischt sie in Suppen oder Gemüsegerichte.

An lauen Sommerabenden sitze ich mit meinen Freunden in großer Gruppe singend im Stadtzentrum. Oder wir radeln alle zusammen zum See hinunter. Einmal gehen wir tanzen, obwohl es während des Krieges verboten ist. Ein großer Mann, der furchtbar stinkt, fordert mich ständig auf, daran erinnere ich mich noch. An einem besonders lustigen Abend übersehe ich die Zeit. Um neun Uhr läuten die Kirchenglocken, und ich laufe nach Hause, so schnell ich kann. Der Vater steht schon beim Haustor. »Wie spät ist es?!«, schimpft er mich. »Papa, es tut mir leid, ich habe nicht auf die Uhrzeit geachtet.« Das gibt mindestens eine Predigt und unter Umständen eine Ohrfeige.

Auch Mädchendinge habe ich in Caprino zu besprechen. Mit meiner Freundin verstecke ich mich in den Blättern eines Feigenbaums und rede über Sergio. »Grande Amore« nennt er mich und ist die erste Liebe meines Lebens. Zu Hause verrate ich kein Wort.

Nach wenigen Monaten sind wir in Caprino unter den

Einheimischen richtig integriert. Wir sind nicht die einzigen Flüchtlinge im Ort, auch nicht die einzigen aus dem ehemaligen Österreich, doch mit den anderen Schutzsuchenden haben wir nur sehr lose Kontakt. »Ich will nicht dauernd das Gejammer hören«, sagt mein Vater und stört sich an jenen, die ihren Flüchtlingsstatus ausnützen, um möglichst viele Hilfsgelder zu kassieren. Ein Wiener Ehepaar gibt es, mit dem ich dennoch regelmäßig zu tun habe. Als die Frau während ihrer Zeit in Caprino ein Kind zur Welt bringt, stellt sie sich furchtbar ungeschickt an. Aus Lumpis ersten Lebensmonaten weiß ich, wie man mit Säuglingen umgeht, und so unterstütze ich sie mit ihrem Baby. Außerdem helfe ich im Nachbarhaus bei einer Schneiderin aus, und Heinzi wird Lehrling in einem Herrenmodegeschäft.

Ich weiß nicht, wie er uns ausfindig gemacht hat, aber eines Tages lädt ein Rabbiner aus Verona uns zu sich ein. Tatsächlich gibt es in Verona im Jahr 1943 trotz der Herrschaft Mussolinis noch ein Rabbinat. Wir bekommen die Erlaubnis, von Caprino aus einen Tagesausflug dorthin zu unternehmen. Als wir uns abends wieder auf den Heimweg machen wollen, lädt der Rabbiner den damals dreizehnjährigen Heinzi dazu ein, bei ihm zu bleiben. »Ich würde dir gerne Unterricht geben und dich auf die Bar-Mizwa vorbereiten. Die feiert man im Judentum nämlich mit dreizehn Jahren«, sagt er. Heinzi müsse dafür aber vierzehn Tage im Rabbinat wohnen. Zu unser aller Erstaunen will der sonst so schüchterne Heinzi plötzlich tatsächlich die Bar-Mizwa feiern. »Aber wir sind katholisch getauft«, erklärt mein Vater dem Mann. »Das gilt nicht«, antwortet der Rabbiner, »Ihr Sohn ist als Jude geboren, also ist er nach wie vor Jude.« Ich kann mich nicht mehr daran erinnern, wie Heinzis Fernbleiben aus Caprino mit den Behörden geregelt wurde. Der Vater jedenfalls gesteht ihm seinen Wunsch zu. »Spätestens morgen kriege ich einen Anruf, dass ich ihn holen muss«, nimmt der Papa den Heinzi jedoch zu Beginn nicht recht ernst. Keiner von uns tut es. Heinzi, der sonst schon nach zwei Stunden nach unserer Mutter weint, will zwei Wochen ohne uns verbringen? Doch es erfolgt kein Anruf. Als Heinzi schließlich zurück nach Caprino kommt, spricht er täglich mit Inbrunst hebräische Gebete. Er ist plötzlich als Einziger unserer Familie ein gläubiger Jude. Niemand von uns versteht, was in ihm vorgeht. Keiner macht mit ihm mit. »Wenn es ihm ein Bedürfnis ist, so soll er den jüdischen Glauben leben«, sagt mein Vater. Wir respektieren, dass Heinzi auf einmal zum Judentum gefunden hat.

Schon etwa zweieinhalb Jahre leben wir in Caprino, als am 8. September 1943 in der ganzen Stadt die Kirchenglocken läuten. »Der Krieg ist aus«, heißt es. Es fühlt sich an wie ein Gerücht, auch wenn wir Kinder über den Kriegsverlauf nicht gut Bescheid wissen. Am Rande haben wir vielleicht mitbekommen, dass der mit Hitler verbündete Mussolini zwei Monate zuvor gestürzt worden ist. Anfang September schließt nun die neue italienische Regierung einen Waffenstillstand mit den Westalliierten. Mein Vater ist sehr skeptisch: »Hitler lässt sich nicht gefallen, dass Italien einen Separatfrieden schließt.« Tatsächlich erreichen bereits am nächsten Tag die ersten deutschen Panzer Caprino. Ein besonders großer steht schussbereit mitten in der Stadt. Keiner darf seine Wohnung verlassen, während sich das Panzerrohr bedrohlich von links nach rechts dreht. »Jetzt sind wir hier gefangen«, sagt meine Mutter, »jetzt gibt es kein Entkommen mehr.«

Das Wiener Ehepaar, dessen Baby ich oft betreue, packt überstürzt seine Sachen und flüchtet in den Wald. Kurz nach ihrer Ankunft kontrollieren die Deutschen auf der Meldebehörde, wie viele Flüchtlinge in Caprino interniert sind. Fünf Familien sind wir etwa, vielleicht auch weniger. Gesammelt werden wir ins Rathaus vorgeladen und stehen nervös vor den bewaffneten Soldaten. »Wo ist das fehlende Ehepaar?«, fragen sie, und wir erklären, dass wir keine Ahnung haben. »Wenn das Ehepaar nicht innerhalb der nächsten Stunden zurückkommt, erschießen wir euch alle.« Zitternd marschieren wir nach Hause in unsere Wohnungen. Irgendjemand muss gewusst haben, wo sich die Geflüchteten verstecken, denn wenig später sind sie zurück in der Stadt.

»Na Kleiner, wie heißt du denn?«, sprechen ein paar Soldaten den neunjährigen Lumpi auf Deutsch an, als er im Herbst einmal allein draußen unterwegs ist. Er weiß es nicht besser und antwortet in unserer Muttersprache. »Ach, du kannst Deutsch? Das ist ja interessant«, sagen die Männer, »wir bräuchten nämlich einen Dolmetscher. Kennst du jemanden?« Mein kleiner Bruder nickt: »Meine Schwester kann das bestimmt!« Mein Vater hat wahnsinnige Angst, als sie mich in ihrem Militärwagen abholen. Doch alles geht gut, und keiner von ihnen versucht mich anzufassen. Ich muss in eine andere Ortschaft mitfahren und dort aus dem Italienischen übersetzen. Abends bringen mich die deutschen Soldaten zurück nach Caprino, und als Dank für meine Hilfe erhalten wir einen großen Topf voller Erdäpfel. »Damit ihr was zu essen habt.« Erst als die Männer sich verabschiedet haben, entdecken wir die Portion Fleisch, die unter den Kartoffeln versteckt ist. Mehrmals übersetze ich für sie, und jedes Mal sind sie nett zu mir. Sie wissen, dass wir

Juden sind. »Ihr braucht keine Angst zu haben«, versichern sie uns.

Ab Oktober 1943 kämpft Italien aufseiten der Alliierten gegen Deutschland. Jene deutschen Soldaten, die unsere Freunde waren, müssen an die Front, und anderes Militär wird nach Caprino geschickt. Auch die neuen Deutschen erkundigen sich im Rathaus nach den Meldepapieren von uns Flüchtlingen. »Was, hier leben noch Juden?!«, ruft der Offizier ungläubig. Einige Zeit später stehen im März 1944 bewaffnete Männer in unserer Tür. »Packt zusammen«, schreien sie, »jede Person ein Koffer!« »Bitte, lauf und hol den Heinzi aus der Arbeit«, sagt meine Mama, während sie anfängt, alle möglichen Sachen zusammenzusuchen. Ich renne die Straße hinunter und winke meinen Bruder aus dem Herrenmodegeschäft. »Komm, Heinzi, schnell.« Wir rennen in die Wohnung und holen unser Gepäck. Dann werden wir auf einem kleinen Platz im Stadtzentrum in einen Lastwagen gedrängt.

4. KAPITEL

AUSCHWITZ

Ständig hatten wir während der letzten sechs Jahre Angst, ins Deutsche Reich abgeschoben zu werden. Angst vor jener Brutalität, die mein Vater in Wien am eigenen Leib erlebt hat. Angst vor Denunziation, die auch in Italien stets präsent war. »Den Krieg haben wir notwendig gehabt. Nun müssen wir uns anstellen, um ein Stück Brot zu bekommen«, hat eine Italienerin in Caprino auf der Straße geschimpft. Kurz darauf wurde die Mutter mehrerer Kinder wegen ihrer Kritik am Regime inhaftiert. Jetzt, da uns deutsche Soldaten im März 1944 auf einen Lastwagen zwingen, fürchte ich mich beim Gedanken an Deutschland vor weiterer Verfolgung, Gefängnis und sogenannten Arbeitslagern. Davor, was tatsächlich auf uns zukommen wird, kann ich mich nicht fürchten. Es übersteigt zu diesem Zeitpunkt noch meine Vorstellungskraft.

Fürs Erste bewegt unser Lastauto sich innerhalb Italiens weiter in den Süden. Man bringt uns in ein Sammellager in der Nähe der Stadt Modena. »Campo di Fossoli« heißt es und ist als Durchgangsstation gedacht. »In Fossoli war es verhältnismäßig noch ganz gut«, werde ich mehr als ein Jahr später rückwirkend in ein Notizbuch schreiben, »meine Eltern, Geschwister und ich bewohnten ein Zimmer und wurden von guten und anständigen italienischen Posten bewacht.« Meinem Vater wird im Durchgangslager gestattet, als Tischler zu arbeiten, und er hofft darauf, dass man uns aufgrund seines handwerklichen Könnens vielleicht doch in

Italien behält. Ein Soldat, der vor unserer Tür steht, steckt mir unauffällig die Adresse seiner Schwester in Rom zu: »Ich helfe dir bei der Flucht.« »Kommt nicht in Frage. Ich verlasse meine Familie nicht«, erkläre ich ihm. Auch meiner Mutter stellt man eine Chance zu bleiben in Aussicht. Meine Großmutter mütterlicherseits war offiziell Jüdin. Über die Konfession ihres Vaters weiß meine Mama als uneheliches Kind jedoch nichts. »Sie sagen, falls ich nachweisen könnte, dass er Arier war, wäre ich geschützt«, erzählt sie. Nie würde sie sich freiwillig von uns trennen.

Unsere Mutter hat ein wenig Brot und Obst eingepackt, als wir drei Wochen später in einen Zug gezwängt werden, der eigentlich für Tiertransporte gedacht ist. Mit mindestens hundert anderen Menschen aus dem Lager, vielleicht auch mehr, werden wir in einen der Viehwaggone gestopft. Bis auf eine Luke unter dem Dach gibt es keine Fenster. Rasch besetzt der Vater einen kleinen Fleck am Boden für uns. In die gegenüberliegende Ecke stellt jemand ein Gefäß und nagelt als Sichtschutz eine Decke von Wand zu Wand. Bald stinkt die improvisierte Toilette dermaßen, dass mir jeglicher Hunger vergeht. Von Fossoli aus steuert unser Zug in den Norden. Wir lassen Italien hinter uns, und als wir über den Brennerpass nach Österreich fahren, bemüht mein Vater sich um einen Platz an der kleinen offenen Luke. Ich habe noch genau vor Augen, wie er dasteht, hinausschaut, und ich ihn dabei zum ersten Mal weinen sehe. Zum ersten Mal sehe ich meinen Papa verzweifelt.

Mehrere Tage und Nächte verbringen wir in diesem Viehwaggon, eingepfercht zwischen lauter fremden und nach Schweiß stinkenden Menschen. Ich denke, mein Vater kann erkennen, wohin wir uns bewegen, doch ich selbst habe keinerlei Orientierung. Ich weiß damals nicht, wo Polen liegt. Und ich habe noch nie von Auschwitz gehört. Am 5. April hat unser Transport in Fossoli begonnen. In der Nacht auf den 10. April 1944 halten wir vor dem Vernichtungslager Auschwitz-Birkenau. Es muss vier oder fünf Uhr morgens sein, als wir ankommen. Es ist kalt draußen und finster. Hunderte Menschen klettern gleichzeitig aus unserem Zug ins Freie, und ein großes Durcheinander entsteht. SS-Männer in Uniform schicken Frauen und Kinder auf eine Seite, Männer müssen auf die andere. Mit Mama, Heinzi und Lumpi lande ich vor einem SS-Mann, an dessen Gürtel ein Revolver hängt. Ich habe noch in Erinnerung, dass mein Blick an seinen Stiefeln hängen bleibt, die auf Hochglanz poliert sind. Aus einem davon zieht er eine Peitsche und deutet stumm damit nach links und rechts. »Links«, zeigt er und schickt meine Mutter, Heinzi und Lumpi zu einem Lastwagen, der in der Nähe steht. Ich will ihnen folgen, doch er hält mich mit einer Handbewegung zurück. »Du musst auf die andere Seite!«, meldet sich ein Soldat zu Wort, der neben dem SS-Mann steht. »Nein«, sage ich, »ich will bei meiner Mutter und den Brüdern bleiben.« Der Soldat beugt sich zum SS-Mann: »Lass sie halt mitgehen, wenn sie will.« Noch einmal mustert er mich. »Nein, die nicht«, sagt er dann, »die kann arbeiten und zu Fuß gehen.« Beide Männer dürften aus Österreich stammen, das erkenne ich an ihrem Dialekt. Jetzt deutet auch der Soldat nach rechts: »Du bist noch jung und kräftig. Lass die, die nicht so gut zu Fuß sind, mit dem Lastauto fahren.« In der ganzen Aufregung kann ich Mama, Lumpi und Heinzi plötzlich nirgends mehr entdecken. Sie müssen bereits in den Lastwagen gestiegen sein. Ich stelle mich auf die Zehenspitzen und versuche panisch, meinen Vater in der Ferne zu erkennen. Er steht in der Männergruppe und sucht von dort aus die Menschenmenge mit den Augen nach uns ab. »Rüber mit dir, aber schnell!«, ruft der Soldat.

Dass die Fahrt im Lastauto für Ältere und Kinder gedacht ist, erscheint mir verständlich, und ich stelle mich zu jenen Frauen, die auf die rechte Seite geschickt worden sind. Wieder und wieder drehe ich mich suchend nach meiner Familie um. Dann zwingen bewaffnete Männer meine Gruppe zum Abmarsch.

Jener Soldat, der vorhin neben dem SS-Mann stand, geht nun mit einem anderen Kollegen neben mir her. »Woher kommst du?«, will er wissen. »Aus Österreich. Ich bin Wienerin«, presse ich hervor. »Österreich gibt es nicht mehr«, zischt sein Kollege mir zu. »Halt deinen Mund«, fährt der Soldat ihn von der Seite an. Es ist dunkel, und ich kann meine Umgebung nicht genau erkennen. Der Soldat entfernt sich von mir und kehrt wenig später noch einmal wieder. »Achte darauf, dass du immer überall in der Mitte bleibst und nie am Rand stehst«, raunt er mir leise zu, »widersprich nicht, fall nicht auf, füge dich. Dann kommst du durch.« Ohne zu wissen, wovon er spricht, marschiere ich schweigend geradeaus.

»Arbeit macht frei« steht auf dem Tor, durch das wir auf ein großes Backsteingebäude zugehen. Hier wird die »Erstaufnahme« durchgeführt. Name, Geburtsdatum und Geburtsort werden per Hand in ein großes Buch eingetragen. Ich bin wie versteinert. Wo sind meine Mutter und meine Brüder? Wann sehe ich meinen Vater wieder? Als ich an die Reihe komme, bringe ich kein Wort heraus. Ich spüre die Nadel nicht, mit der man mir eine Nummer in den Unter-

arm sticht. Auch nicht, dass mein Arm rot wird und an-
schwillt. Ich empfinde kaum etwas, als man mir die Haare
abrasiert. Dann werden wir wieder vor das Gebäude getrie-
ben. »Ausziehen! Kleidung abgeben!« Nackt müssen wir
uns im Freien auf den Erdboden setzen. Stundenlang lässt
man uns so warten. Weder bekomme ich Hunger, noch muss
ich auf die Toilette. Es ist kalt in Polen Anfang April, doch ich
bin zu geschockt, um zu frieren. Langsam bricht die Däm-
merung an. Frauen rund um mich beginnen zu weinen, und
einige tuscheln miteinander. Ich schaue starr geradeaus. Wo
ist meine Familie? Nicht einmal verabschieden haben wir
uns in all dem Durcheinander können. Noch nie in meinem
Leben war ich so allein, so ganz allein unter lauter Fremden.

In einiger Entfernung von uns verläuft ein Zaun. Graue
Figuren gehen dahinter entlang, sie bewegen sich gebeugt
vorwärts, sind ausgemergelt und dreckig. Ich beobachte sie
und rätsle, ob es sich um Menschen handelt. Ich weiß noch,
dass ich überlege, ob es Zwerge sein könnten. Oder sind es
abgemagerte Bergarbeiter? Einen Augenblick lang frage ich
mich ernsthaft, ob ich zu Gnomen unter die Erde versetzt
worden bin. Ich habe nicht mehr das Gefühl, auf der Welt zu
sein. Noch weiß ich nicht, dass es sich um die Lagerinsassen
handelt. Und dass ich bald selbst so aussehen werde.

Irgendwann werden wir nackt in einen weiteren Raum
neben dem Erstaufnahme-Büro geführt. Auf einem langen
Tisch liegen Berge von Hosen, Hemden, Kleidern und
Schuhen. Das Lagerpersonal greift wahllos in die Haufen
und schmeißt uns Kleidungsstücke hin. »Anziehen!« Auf
die Konfektionsgröße wird dabei keine Rücksicht genommen. Ich bekomme eine Hose aus Leinen, ein Hemd und
ein graues Wollkleid, dessen Knöpfe man mit Schlingen

schließt. Ich sehe aus wie meine eigene Großmutter. Keines der Kleidungsstücke ist sauber oder gewaschen. Man sieht, dass sie schon mehrfach getragen wurden. Beim Gedanken an den eingetrockneten Dreck in meiner »neuen« Unterhose schüttelt es mich bis zum heutigen Tag. Jede von uns bekommt außerdem eine Gefangenenjacke. Sie ist aus Leinen, gestreift, und wir müssen sie immer tragen. Abschließend werden Schuhe verteilt. Ob wir Größe 35 oder 40 haben, wird dabei nicht beachtet. Ich habe Glück und bekomme ein Paar, das nur ein bisschen zu groß ist. Jene Frauen, die komplett falsche Größen erhalten, fangen an, untereinander zu tauschen.

Im Anschluss führt man uns ins Auffanglager, dorthin, wo die Neuankömmlinge einquartiert werden. Mit Frauen jeden Alters beziehe ich eine Baracke. Es ist ein länglicher Raum, links und rechts vollgestellt mit mehrstöckigen Holzpritschen. Zwei abgetrennte Kammern liegen in der Nähe der Eingangstür: Hier schläft die Barackenaufsicht. In der Mitte verläuft eine Art Steg aus grauem Beton. Später erfahre ich, dass es sich dabei um einen Ofen handeln soll. Geheizt erlebe ich ihn nie. Manchmal pfeift uns ein Offizier nachts aus den Betten – dann müssen wir uns vor ihm aufstellen, während er auf den Betonsteg steigt und eine Ansprache hält. Gemeinsam mit vier anderen Frauen besetze ich nach unserer Ankunft eine der obersten Pritschen, bevor ich wieder hinaus ins Freie renne. Mittlerweile ist es Tag, und ich fange an, im Lager herumzulaufen. Wo sind all die Leute untergebracht, die mit dem Lastwagen hereingebracht wurden? Wo ist meine Mutter? Die Frauen, die mit mir angekommen sind, wissen so wenig wie ich selbst. Alle anderen antworten nur ausweichend. »Ich muss wissen, wo meine Familie ist«, bitte ich die Leute. Keiner will es mir erzählen. Immer wieder spreche ich fremde Personen an, bis ich irgendwann eine Frau finde, die sich überwindet. »Siehst du den Rauch dort drüben?« Zögerlich hebt sie die Hand und zeigt auf einen großen Schlot, der hinter den Baracken steht: »Die Menschen, die auf dem Lastwagen waren – sie sind alle schon vergast und verbrannt worden.«

Ein schrilles Pfeifen weckt mich. Appell, ich muss zum Appell! Um mich herum beeilen sich alle Frauen, die Baracke zu verlassen. Ich will ihnen nach, rutsche von der Kante und stürze aus dem obersten Betten-Stock zu Boden. Normalerweise würde man Schmerz dabei empfinden oder sich sogar etwas brechen. Ich spüre nichts. »76831 meldet sich zur Stelle«, muss ich rufen, als wir vor dem Wachpersonal stehen und meine Nummer an der Reihe ist.

Bis heute weiß ich nicht, wie ich es zuvor zurück in die Baracke geschafft hatte. Erst später erzählen mir die Frauen, mit denen ich mir die Pritsche teile, was passiert ist. Dass ich zwei Tage lang wie in einer Art Tiefschlaf reglos am Schlafplatz gelegen bin. Dass sie sich zwischendurch nicht sicher waren, ob ich überhaupt noch lebe. Dass sie mich unter der Decke versteckten und sich beim Appell so geschickt für mich gemeldet haben, dass mein Fehlen nicht bemerkt wurde.

»Du musst etwas trinken, sonst klappst du zusammen«, sagen die Frauen. Nun stehen wir gemeinsam im Freien Appell, und pro Fünferreihe gibt es eine Blechschüssel voll heißer undefinierbarer Flüssigkeit. In der Früh scheint es sich um Kaffee oder Tee zu handeln. Oder ist es Abwaschwasser? Als ich das erste Mal einen Schluck davon nehme, spüle ich mir den Mund damit aus und spucke die Flüssig-

keit zu Boden. Schon seit unserer Abfahrt in Fossoli habe
ich mir meine Zähne nicht putzen können. »Bist du wahnsinnig!«, schreien die anderen. Sie müssen sich zusammen-
reißen, damit ihnen die Hand nicht auskommt. »Das ist fast
das Einzige, was wir den ganzen Tag lang zu trinken bekommen!« Ich hatte nicht gewusst, dass es sich dabei um unser
Frühstück handelt. Schnell lerne ich, dass es außer morgens
und mittags keine Möglichkeit gibt, seinen Durst zu löschen.
Als ich im Lager irgendwo einmal aus einer Wasserleitung
trinken möchte, schnappt mich jemand: »Nicht! Die Rohre
sind verrostet und giftig, du wirst krank!«

Fürs Mittagessen stehen wir erneut zu fünft hintereinander. Fasern schwimmen auf dem Boden unserer gemeinsa-
men Schüssel in einer braunen Brühe – angeblich handelt
es sich um Kraut- oder Rübensuppe. Sobald die Erste davon
getrunken hat, reicht sie die Mahlzeit an die Nächste weiter. Manchmal ist eine der Frauen gemein und trinkt zu viel,
doch meist achten alle darauf, dass der Letzten auch noch
etwas bleibt. Da wir keinen Löffel haben, muss man kräftig
herausschlürfen, um etwas vom Kraut zu erwischen. »Bitte
trink«, sagen die Frauen. Vor mir steht eine, die furchtbar aus
dem Mund stinkt. Die Zweite hat gerade mit ihren dreckigen Fingern in der Schüssel gestochert. Ich muss mich irr-
sinnig überwinden. »Schmeckt nicht nur grausig, sondern
auch komisch«, sage ich. »Weil Brom drin ist«, erklären mir
die anderen, »damit wir willenlos werden und keinen Aufstand machen.« Jede unserer Mahlzeiten sieht gleich aus.
Immer schlürfen wir im Freien stehend aus einem Blech-
napf. Abends gibt es ein Stück Brot. An Hitlers Geburtstag,
der zehn Tage nach meiner Ankunft gefeiert wird, erhalten
wir ein »Festmahl«. Das Mittagessen des 20. April 1944 be-

steht aus drei kleinen Kartoffeln. Am Abend gibt es zusätzlich zum trockenen Brot einen Esslöffel Margarine und einen Löffel Zucker. »Um vier Uhr stand man auf, bis sieben Uhr war Appell, um zwölf Uhr Suppe, um achtzehn Uhr wieder Appell und dann Nachtmahlbrot. Um 21 Uhr war Lagerruhe. Dann ging das jeden Tag so weiter«, steht in Notizen, die ich mir später gemacht habe.

Ich existiere noch. Aber ich empfinde nur mehr Gleichgültigkeit. Nicht, weil ich mit meinen sechzehn Jahren besonders heldenhaft bin. Es ist der Schock, der mich richtiggehend betäubt. Obwohl wir viel zu wenig zu essen bekommen, verspüre ich keinen Hunger. Obwohl ich ständig mit dem Tod bedroht werde, habe ich keine Angst. Ich verbiete mir, um Heinzi, Lumpi und die Mama zu weinen. Weinen kostet Kraft, sage ich mir. Die Kraft brauche ich zum Überleben. Und überleben muss ich für den Papa. Er wird mich brauchen, jetzt, wo er alles verloren hat. Ich muss ihm unsere Familie ersetzen. Die Hoffnung, dass mein Vater noch leben könnte, ist ein Motor für mich. Trotzdem habe ich von Anfang an keinen Zweifel daran, dass auch ich in Auschwitz umgebracht werde. Zwar vermeide ich den Blick in Richtung der Krematorien. Doch ich bin überzeugt, dass ich eines Tages an die Reihe komme.

Als ich in späteren Monaten im Lager irgendwo arbeiten muss, überhöre ich einmal einen Alarm. »Was machst du noch hier draußen?!«, schreit ein SS-Mann, »hast du den Alarm nicht gehört?!« »Nein«, antworte ich und beeile mich, zurück in die Baracke zu kommen. »Na, das wird dich noch teuer zu stehen kommen. Du gehst auch noch ins Gas«, ruft der Mann und deutet mit seinem Kopf in Richtung der Gaskammern. Ich zucke mit den Schultern. »Ist mir egal« sage ich, »meine Leute sind schon dort. Sie können mir nicht drohen.« Der SS-Mann starrt mich an. »Ist das dein Ernst?«, fragt er. »Früher oder später wird es doch sowieso passieren. Ich rechne damit«, antworte ich. »Verschwinde!«, fährt er mich an, und ich laufe so schnell ich kann in die Baracke.

Während der ersten Woche nach unserer Ankunft hält man uns hauptsächlich damit beschäftigt, Appell zu stehen. Dann bringt man uns vom Auffanglager ins Arbeitslager. Diesmal liegen wir nicht zu fünft nebeneinander, sondern einzeln in unseren Holzpritschen. Auch hier gibt es weder einen Polster noch irgendeine Art von Matratze. Zum Zudecken bekommen wir, wie schon im Auffanglager, eine Pferdedecke. Erneut bemühe ich mich um ein Bett ganz oben. Dort ist der Gestank in der Baracke am erträglichsten. Und ich bin am weitesten von den Ratten entfernt, die am Boden hausen. Ich ahne nicht, dass die Tiere auch auf den Holzstreben unter dem Dach unterwegs sind. Stocksteif liege ich jede Nacht auf meiner Pritsche und warte, bis die Ratte kommt. Fast immer klettert ein und dasselbe Tier herauf und setzt sich seitlich auf die Holzumrahmung meiner Pritsche. Dann starren wir einander an, und irgendwann dreht die Ratte sich wieder um. Bevor sie sich entfernt, fährt sie mir jedes Mal mit dem Schwanz übers Gesicht. Sie will mich nur streicheln, rede ich mir ein, und versuche, mich damit selbst zu beruhigen. Oft schrecke ich nachts in Panik hoch, weil ich befürchte, »meine« Ratte sei schon da.

Jeden Tag nach dem »Frühstück« marschieren wir gesammelt in die Waschbaracke. An der Wand sind mehrere Wasserleitungen angebracht. In der Mitte des Raumes verläuft der Länge nach ein großer Steg, dessen Oberfläche aus mehreren Reihen von Löchern besteht. Es handelt sich um eine

Art Massen-Plumpsklo. Ab und zu werden Häftlinge zur Reinigung der WC-Anlage eingeteilt. Dann pumpen sie die Löcher aus und spritzen die Oberfläche der Latrinen ab. Fast immer aber ist die Fläche übersät mit frischem und eingetrocknetem Kot. Deshalb und weil die Vorrichtung ohnehin zu hoch gebaut ist, um sich hinsetzen zu können, hüpft man auf den Steg, hockt sich hin und versucht aus dieser Position, in eines der Löcher zu treffen. Klopapier gibt es keines. Nur wer besonders ellbogenfest ist, schafft es nach dem WC-Gang noch zu einer Wasserleitung. Alle drängen zu den wenigen Waschmöglichkeiten an der Wand. Selbst, wenn man eine erwischt, lässt sich das Wasser doch nicht richtig aufdrehen. Maximal ein paar Tropfen kommen heraus, bevor die Bewachung wieder pfeift. Wir müssen uns zum Abmarsch aufstellen und zurück in unsere Baracke.

Ungefähr einmal im Monat ist Badetag. Wir ziehen uns nackt aus und werden in einen Raum geführt, von dessen Decke lauter Duschköpfe hängen. Erst sobald das Wasser auf uns niederspritzt, wissen wir, dass wir uns nicht in einer Gaskammer befinden. Nur wenn man Glück hat, wird man in dem Gedränge tatsächlich nass. Meist wird das Wasser wieder abgedreht, noch bevor man unter einem Duschkopf landet. So etwas wie Seife gibt es nicht. Zitternd marschieren wir anschließend aus der Duschkammer, denn wir haben keine Möglichkeit, uns abzutrocknen. Wie schon an unserem ersten Tag im Lager betreten wir einen Raum voller Kleiderhaufen. Wahllos wird uns »frische« Wäsche hingeworfen. Wir erhalten die Kleidungsstücke einer Frauengruppe, die kurz vor uns mit dem Duschen an der Reihe war. In großen Trommeln wurde deren Wäsche angeblich mit Heißluft desinfiziert. Schmutzig ist sie trotzdem. Ich beutle die toten Flöhe und Läuse der Vorbesitzerin aus meiner neuen Hose, bevor ich hineinschlüpfe. Ich ribble die Unterhose ein wenig hin und her, um den eingetrockneten Dreck wenigstens oberflächlich zu entfernen.

»Du, du und du!« Beim Weckruf frühmorgens weiß man nie, ob man fürs Gas ausgewählt wird. Trotzdem mache ich mir vor und während der Aussortierung nie Gedanken darüber, ob als Nächstes auf mich gezeigt werden könnte. Es wird sich schon ergeben, denke ich. Dann wäre es eben so weit. Ich spüre klar, dass ich nicht sterben möchte. Aber auch, dass es meinen eigenen Willen irgendwie nicht mehr gibt. Wer nicht ins Gas geht, wird fürs Arbeiten eingeteilt. Wofür, erfährt man ebenfalls beim Früh-Appell. Gräben ausstechen zählt etwa zu einer unserer Hauptbeschäftigungen. Eine Zeitlang werden wir dazu gezwungen, Rillen entlang der Wege im Lager auszuschaufeln. Angeblich, damit anschließend darin Rohre verlegt werden können. In Wirklichkeit dienen die Löcher einzig dazu, später von anderen Häftlingen wieder zugeschüttet zu werden.

Einmal schaufle ich mit anderen Insassinnen eine Grube aus, die so tief ist, dass wir darin stehen können. Ein Offizier kommt vorbei und springt zu uns in das Erdloch. Er ist eher klein und schmächtig, hinkt etwas und soll anscheinend berühmt sein. »Jetzt werde ich euch zeigen, wie das geht!«, reißt er einer Frau in meiner Nähe den Spaten aus der Hand. Alle außer mir werden zum Zuschauen aufgefordert. Der Offizier beginnt, den Graben tiefer auszustechen, und schmeißt eine Ladung Erde nach der anderen in meine Richtung. Ich stehe etwas höher als er, muss seine Erde mit meiner Schaufel auffangen und sie mit Schwung aus der Grube befördern. Schwer landen die Erdklumpen auf meiner Schaufel, und ich kann kaum die Kraft aufbringen, mit dem immer schneller werdenden Tempo des Mannes mitzuhalten. Nein, ich gehe nicht vor dir in die Knie, sage ich mir innerlich vor und beiße vor Schmerz die Zähne zusammen. Zack, zack, zack. Eine Erdportion nach der anderen schleudert der Offizier mir zu, bevor er den Spaten plötzlich wieder zur Seite wirft und mich einen Augenblick lang prüfend betrachtet. »Alle Achtung!«, stößt er hervor und springt aus der Grube. Sobald er weg ist, fange ich vor Erschöpfung an zu zittern. »Ruh dich kurz aus«, deuten mir die anderen Frauen und nehmen ihre Arbeit wieder auf. Jetzt, wo der Offizier außer Sichtweite ist, hat mich die Kraft verlassen.

Manchmal marschieren wir nach dem Appell in Fünferreihen zum »Steineklopfen«. Ein Waggon voller Felsbrocken wird per Bahn bis vor die Tore des Lagers geliefert. Von dort müssen wir ihn hereinschieben, vorsichtig kippen und die riesigen Steine abladen, ohne uns dabei zu verletzen. Die Brocken sind viel zu schwer, als dass wir sie tragen könnten. Wir rollen sie herab und fangen an, sie zu bearbeiten. Ich weiß heute nicht mehr, welches Werkzeug wir zur Verfügung hatten. Händisch müssen wir die Steine so lange zerkleinern, bis sie zu Kies werden. Wir sitzen im Freien auf dem Boden, teilen die Steine der Größe nach in Haufen auf und versuchen, einen Brocken nach dem anderen immer weiter zu zerschlagen. Jedes Mal tut uns danach alles weh.

Etwas angenehmer ist es, für die Weberei ausgewählt zu werden. Dabei können wir in einer halbwegs warmen Baracke sitzen. Wir schneiden Stoffstücke in breite Streifen, winden sie durch einen primitiven Webstock und drücken sie mit einem Brett zusammen, bis ein fester Riemen entsteht. Auf diese Art stellen wir endlos lange Gürtel her.

Eines Tages muss ich während der Arbeit in der Weberei dermaßen dringend aufs Klo, dass ich nicht umhinkomme, eine der Aufseherinnen darum zu bitten, mir einen Toilettenbesuch zu gestatten. Es ist unklar, ob sie mir eine solche Ausnahme erlauben wird. Normalerweise werden wir nur zu fixen Uhrzeiten in die Sanitärbaracken geführt. »Wenn du versprichst, dass du keinen Blödsinn machst, begleite ich dich«, sagt die Frau. »Ich wüsste nicht, was ich anstellen sollte«, antworte ich. Bevor ich ihr aus der Weberei ins Freie folge, stecke ich mir noch schnell einen Streifen Stoff in die Hosentasche. Zu meinem Erstaunen führt die Frau mich nicht zu den Latrinen. Wir überqueren hinter der Baracke eine Wiese, an deren Ende eine kleine Holzhütte steht. Wie auf einer Alm ist in die WC-Tür ein kleines Herz eingeschnitzt. »Hier«, sagt die Aufseherin, und ich öffne die Tür zu einem richtigen Plumpsklo. Zum ersten Mal seit Monaten kann ich allein aufs WC gehen, mich hinsetzen und den Stoffrest, den ich eingepackt habe, zur Reinigung verwenden. Ich sitze auf dem Holzbrett und bin einen Moment lang furchtbar glücklich. Die Aufseherin wartet auf mich und bringt mich danach zurück an meinen Arbeitsplatz. Sie scheint sich zu freuen, als ich mich bei ihr bedanke.

Schafft man es in der Weberei, an einem Tag eine bestimmte Länge von Gürteln zu produzieren, so erhält man einen Gutschein. Als Belohnung bekomme ich einmal einen Zwiebel, ein anderes Mal ein Gläschen Marmelade, und nachdem ich eines Tages besonders viel gearbeitet habe, eine Dose Sardinen. Lily steht neben mir und darf sich mit ihrem Gutschein ein Viertel Brot abholen. Obwohl Lily wie ich aus Wien stammt, mögen wir uns nicht besonders. Weil er Kommunist war, wurde ihr Vater in Wien erhängt und sie selbst inhaftiert, als sie kommunistisches Propagandamaterial verteilt hat. Im Gefängnis fand man heraus, dass ihre Mutter Jüdin ist, und daraufhin wurde Lily nach Auschwitz deportiert. »Was hältst du davon, wenn wir unsere Portionen teilen?«, frage ich sie. »Ich würde dir die Hälfte meiner Sardinen geben und du mir ein Stück Brot?« Lily ist zwei Jahre älter als ich und sehr egoistisch. »Nein«, sagt sie, »ich werde von meinem Brot satt, aber du von deinen Sardinen nicht. Außerdem wirst du bestimmt sowieso etwas übrig lassen. Ohne mein Brot kannst du die Sardinen und das Öl ja gar nicht essen.« Ruhig schaue ich sie an. »Du wirst dich noch wundern.« Ich öffne meine Dose Sardinen, esse sie bis auf den letzten Bissen auf und trinke das Öl aus bis auf den letzten Tropfen. Lily starrt mich ungläubig an und stopft sich ihr Viertel Brot in den Mund.

Außer Lily ist mir in Auschwitz noch ein zweites Mädchen aus Wien bekannt. Inge wohnt gemeinsam mit ihrer Mutter in meiner Baracke. Sie ist etwa in meinem Alter, und ihr Vater befindet sich im Männerlager. Ich kenne die Familie schon aus Caprino, jedoch nur oberflächlich, da wir mit den anderen Flüchtlingen dort nie viel zu tun hatten. Immer wenn ich Inge mit ihrer Mutter sehe, gibt es mir einen Stich. Ich beneide die beiden darum, dass sie einander noch haben.

Auf Lastwägen werden regelmäßig Lebensmittel ins Lager transportiert: Erdäpfel, Rüben und Zwiebeln. Fast immer versuchen die Lkw-Fahrer, scharf abzubremsen, damit ein wenig von ihrer Lieferung zu Boden fällt. Wer Glück hat und in der Nähe steht, kann etwas aufklauben. Eines Tages gelingt es Inges Mutter, einen Zwiebel zu erwischen. »Schau, Inge, iss. Da sind Vitamine drinnen«, drückt sie ihrer Tochter das Gemüse in die Hand. Aber Inge ist ziemlich verwöhnt.

»Was bildest du dir ein, ich esse doch keinen Zwiebel«, schreit sie ihre Mutter an, »der ist doch scharf! Da kommen einem doch die Tränen!« Ich beobachte die Szene und würde sie in diesem Moment am liebsten schlagen. Inge soll doch froh sein, dass sie ihre Mutter überhaupt noch hat!

Einige Zeit später bekommt Inge unter der Achsel einen großen Abszess. »Es tut so weh«, stöhnt sie, »ich glaube, ich geh zum Arzt.« Ihre Mutter und ich versuchen, sie davon abzubringen. »Inge, du darfst nicht zum Arzt gehen. Der hilft dir nicht, der bringt dich um. Wer krank ist, der wird aussortiert.« Doch Inge lässt sich nichts sagen. Sie meldet sich in der Krankenstation und wird augenblicklich aufgenommen. Am nächsten Tag macht ihre Mutter sich auf den Weg, um sie zu besuchen. Wenig später betritt eine Frau gebeugt unsere Baracke. Erst als sie auf mich zukommt, erkenne ich, dass Inges Mutter schon zurück ist. Sie ist nicht älter als vierzig. Vor mir steht eine gebrochene Greisin. »Um Gottes willen, was ist passiert?«, frage ich. »Die Inge«, flüstert sie, »die Inge ist heute Nacht vergast worden.« Langsam dreht sie sich um und geht wieder Richtung Eingangstür. »Ich will jetzt auch nicht mehr leben.« Ich schaue Inges Mutter dabei zu, wie sie die Baracke verlässt. Ich sehe, dass sie einen der Wachposten anspricht, der draußen herumgeht. Ich kann nicht hören, was sie zu ihm sagt. Es muss auf jeden Fall etwas Beleidigendes sein. Der Mann zieht seinen Revolver heraus. Und einen Moment später sinkt Inges Mutter zu Boden. Er hat sie vor unserer Baracke erschossen.

Ich baue mir meinen eigenen Panzer. Einen, den nichts durchdringen kann. Einen, der als Schutzmauer dient. Er ist aus Stahl und sitzt bis heute in meiner Brust.

Der Zusammenhalt unter uns Gefangenen ist groß. Frauen jeden Alters und unterschiedlichster Nationalitäten sind mit mir in einer Baracke untergebracht. Um mich besser verständigen zu können, eigne ich mir ein paar Brocken Jiddisch an. Man unterstützt einander, wo man kann. Doch man fängt an, innere Nähe zu meiden. Abgesehen von Lily und Inge kann ich mich an keine Namen meiner Mitgefangenen mehr erinnern. Aus Selbstschutz ist einem niemand mehr wichtig. Was, wenn ich mich mit einer anfreunde, und sie wird bald darauf ins Gas geschickt? Wie oft kann ich den Verlust eines Menschen noch ertragen?

Als die Ärztin eines Tages stirbt, bin ich schwer erschüttert, aber ich weine nicht. Die Ärztin ist die einzige Mitgefangene, mit der ich mich trotz allem richtig angefreundet habe. Ich weiß nicht mehr, ob sie Deutsche war oder Österreicherin. Ich kann auch nicht sagen, wie sie ausgesehen hat – sie war kahlgeschoren und abgemagert, wie wir alle. Wir lernen einander kennen, als ich mich vor lauter Bauchschmerzen auf meiner Holzpritsche winde. »Da gibt es doch diese junge Ärztin«, sagen ein paar Frauen in meiner Baracke, »die soll kommen und dich untersuchen.« Die Ärztin tastet meinen Bauch ab. »Ich tippe auf eine Nierenkolik«, sagt sie, »aber ich kann nichts für dich tun. Ich habe weder Medikamente noch etwas zu trinken für dich. Schau, dass du so lange wie möglich liegen bleiben kannst, und deck dich zu, so gut es geht.« Ich solle auf keinen Fall in die Krankenstation gehen. Ich weiß, nicke ich.

Ein anderes Mal kämpfe ich mit einem eitrigen Loch in meinem Schienbein. Ich kann schon den Knochen sehen, so tief ist es. »Pack einen Stoffrest aus der Weberei ein und wisch die Wunde immer wieder damit aus«, hilft mir die

Ärztin. Wir sind einander so sympathisch, dass wir Freundinnen werden.

Ab und zu müssen Häftlinge aus dem Männerlager unsere WC-Anlagen auspumpen und die Fäkalien in einem runden Behälter bis zu einer Kläranlage vor das Lager transportieren. Einmal können die Männer ihre Arbeit aus irgendeinem Grund nicht erledigen. Die Ärztin und ich werden dazu eingeteilt, den Fäkal-Wagen zu ziehen. Gemeinsam zerren wir ihn bis zur Kläranlage. Dort müssen wir einen Schlauch an den Wagen anschrauben, um ihn entleeren zu können. Anscheinend sind wir für diese Aufgabe beide nicht kräftig genug. Wir bemerken nicht, dass zwischen Schlauch und Wagen eine Öffnung zurückbleibt. Als wir den Hebel drehen, um die Entladung zu starten, spritzt flüssiger Kot in alle Richtungen. Wir springen zur Seite und werden trotzdem von Kopf bis Fuß schmutzig. Die Bewachung schickt uns zu einer Wiese, auf der bereits geklärtes Wasser in einem kleinen Bächlein entlangfließt. Dort dürfen wir uns säubern. Rein ist das Wasser nicht, aber immerhin gefiltert. Ich reiße einige Grasbüschel aus, mache sie ein wenig nass und bürste mein Gesicht und die Kleidung damit ab. Ich versuche, so wenig wie möglich mit dem Wasser in Berührung zu kommen. Die Ärztin schöpft das Wasser mit der Hand aus dem Bächlein. Ich weiß nicht, was genau geschehen ist – ob sie aus Versehen etwas Wasser geschluckt oder sich direkt durch die flüssigen Fäkalien infiziert hat. Am nächsten Morgen bekommt sie Fieber, und zwei Tage später ist meine Freundin tot. Ich bin zutiefst geschockt. Und ich greife mir ständig an die Stirn. Ob ich auch schon krank werde? Als ich nach einer Woche immer noch nichts spüre, weiß ich, dass ich überlebt habe.

»Ich glaube, wir sollten ein bisschen Pause machen«, sage ich, »Sie haben bereits zwei Stunden lang durchgeredet.« Frau Pressburger nickt. »Schon wieder? Sie Arme, Sie müssen ja schon ganz erschöpft sein.« Ich stehe auf, um kurz frische Luft durchs Fenster hereinzulassen. Frau Pressburger geht in die Küche und kommt mit einer großen Packung Keksen zurück. »Jetzt brauchen wir was Süßes.« Wir sitzen da und essen ein Keks nach dem anderen.

»Wissen Sie, ich habe noch nie so lange am Stück mit jemandem über meine Geschichte gesprochen«, sagt sie, »es ist mir nie gelungen. Niemand wollte Näheres wissen. Und ich wollte, dass meine Vergangenheit in die Ferne rückt.« Was passiert sei, wenn sie versucht habe, darüber zu reden, frage ich. »Weinkrämpfe. Starre. Das Gefühl, ich will niemanden sehen.« Frau Pressburger nimmt sich ein Linzerauge aus der Keksschachtel. »Bitte, greifen Sie noch zu.« Sie trinkt einen Schluck Tee und freut sich, dass ihre gläserne Kanne sich langsam leert. »Ausreichend Flüssigkeit zu mir zu nehmen fällt mir schwer«, sagt sie, »das habe ich mir wohl in Auschwitz abgewöhnt.« *Irgendwo im Haus scheint jemand Bauarbeiten durchzuführen. Durch die Wand dringt ein gleichmäßiges Sägegeräusch.* »Bleiben Sie abends gedanklich noch bei unseren Gesprächen hängen?«, *will ich wissen. Sie schüttelt den Kopf.* »Oft vergesse ich, was ich Ihnen erzählt habe. Absichtlich. Darin bin ich ziemlich gut.« *Sie deutet auf einen Laptop, der hinter mir auf einem Tischchen steht.* »Manchmal starte ich zur Ablenkung ein Computerspiel.«

Mein Blick fällt auf das Foto eines blonden Buben. Der Kleine befindet sich gerahmt neben meinem Platz und hängt zusätzlich rechts von der Wohnzimmertür. Beide Male sitzt er neben Frau Pressburger und lächelt in die Kamera. »Mein Urgroßneffe.« *Eigentlich hätte sie die Bilder gar nicht aufhängen wollen, erklärt sie. Eigentlich seien Familienfotos an ihren Wänden verboten. Zu viel Erinnerung.* »Aber der Kleine ist so herzig. Da habe ich eine Ausnahme gemacht.« *Es ist finster geworden, und wir knipsen die Tischlampe an.* »Könnten Sie bitte die Vorhänge zuziehen?«, *fragt Frau Pressburger. Sie klappt die Schachtel mit den Keksen zu.* »Wollen wir weitermachen?«

»Ist das überhaupt ein Mädel? Oder hat sich da ein Bursche herein verirrt?« Einige SS-Männer stehen vor mir und lachen über meinen ausgezehrten Körper. Nicht nur einmal kommt die SS mitten in der Nacht in unsere Baracke. Sie pfeifen uns aus dem Schlaf, wir müssen aufstehen und uns nackt vor ihnen aufstellen. Mit ihren Peitschen gehen sie auf und ab, schlagen hie und da ein wenig hin und machen blöde Kommentare. Dass ich nicht weiblich genug wirke, ist ein Glück. So bin ich nicht unter jenen, die fürs Freudenhaus ausgewählt werden. Und ich werde nicht von der lesbisch veranlagten Barackenaufsicht in ihr Bett gezwungen. Irgendwann pfeift die SS, und wir müssen wieder zurück in unsere Pritschen. Von Zeit zu Zeit ist nachts auch Aussortierung. »Die, die, die.« Sie gehen durch und wählen aus. Eine Frau marschiert hinterher und schreibt die Nummern all jener auf, die in der Früh ins Gas geschickt werden. Eines Tages fällt die Wahl zu guter Letzt auf mich. Die Frau, die die Nummern notiert, sieht mich an. Dann blickt sie auf ihren Zettel. Ich weiß nicht, warum sie zögert. Ich weiß nur, dass sie mich doch nicht auf die Liste schreibt. Schicksal.

Auschwitz-Birkenau ist mein Hier und Jetzt. Ich habe mich innerlich damit abgefunden. Als ich im Juli 1944 siebzehn Jahre alt werde, habe ich aufgehört, an morgen zu denken. Momente des Durchatmens gibt es im Lager nicht. Ich suche auch nicht danach.

Wiesen über Wiesen erstrecken sich vor meinem Auge, wenn ich durch die Reihen von Stacheldrahtzaun in die Freiheit blicke. Nie würde mir ein Fluchtversuch in den Sinn kommen. Nicht nur, weil ein solcher ohnehin aussichtslos wäre. Ich kann geografisch nicht einmal meinen Standort einschätzen. Und wo sollte ich schon hin?

»Hierher!« Eine SS-Frau steht neben dem elektrisch geladen Zaun und winkt einige Häftlinge zu sich, unter denen auch ich mich befinde. »Jemand muss meinen Hund herausholen!«, schreit die Frau und deutet auf den Zaun. Das Tier ist ihr nachgerannt, aus Versehen in das Gitter aus Starkstrom gesprungen und steckt nun tot im Stacheldraht. Alle zusammen weigern wir uns. »Man kann den Hund nicht angreifen, wenn der Zaun elektrisch ist.« »Du, hol mir den Hund! Sofort!«, zeigt die SS-Frau auf mich, »sonst erschieße ich dich!« Ich habe keine Wahl. Entweder ich sterbe durch einen Stromschlag, oder sie streckt mich mit ihrem Revolver nieder. Die SS-Frau verspricht, den Strom kurz abschalten zu lassen. Als ich vortrete und versuche, den stocksteifen Hund aus dem Stacheldraht zu schälen, kann ich nicht einschätzen, ob sie ihre Ankündigung ehrlich gemeint hat. Tatsächlich lebe ich noch, als ich der SS-Frau ihre Tierleiche übergebe.

Irgendwann im Sommer 1944 teilt man mich beim morgendlichen Appell für einen Fixposten ein. »Läuferin« ist auf der Armbinde zu lesen, die ich nun täglich trage. Wahrscheinlich ist mein jugendliches Alter ausschlaggebend dafür, dass ich die Stelle zugewiesen bekomme. Fortan muss ich innerhalb des riesigen Lagers im Laufschritt Botengänge erledigen. Kerzengerade wie ein Wachsoldat stehe ich neben einem Lagertor und warte auf Aufträge. Meist muss ich Briefe in verschiedene Ecken des Lagers ausliefern. »Elitetruppe« nennt man unsere Gruppe, die aus mehreren Frauen besteht. Wer einen festen Posten hat, gilt in Auschwitz als privilegiert. In unserer Funktion als Botinnen haben wir erstmals fixe Arbeitszeiten und eine Pause.

»In der Gaskammer ist das Gift ausgegangen.« Mit diesen Worten drückt mir eine SS-Frau eines Tages eine runde

Dose Zyklon B in die Hand. Mir schaudert. »Ausgerechnet ich soll jetzt Nachschub bringen?« Die SS-Frau sieht mich an. »Keine Sorge, wenn es bei dir so weit ist, werde ich die Gift-Dosis erhöhen. Dann geht es bei dir schneller, versprochen.« Bis heute frage ich mich, wie Menschen wie sie nach dem Krieg weitergelebt haben. »Ich hoffe, ich kann Ihnen das Gift für mich ersparen«, antworte ich ihr. Die SS-Frau erwidert nichts mehr. Es steht außer Frage, dass ich als Läuferin mit dieser Dose zur Gaskammer rennen muss.

Ich kann in Auschwitz nicht verhindern, dass man mich erniedrigt und misshandelt. Ich kann nicht beeinflussen, ob und wann man mich hinrichtet. Aber ich verteidige mein Innerstes: Ich lasse mich nicht unterkriegen.

Als ich ein anderes Mal Dienst habe, marschiert eine Mitgefangene an mir vorbei. Sie ist unbefugt in meiner Nähe unterwegs, warum, weiß ich nicht mehr. Eine SS-Frau kommt auf mich zu: »Du hättest ihr verbieten müssen, hier zu gehen! Du musst dir Respekt verschaffen.« Ich sehe der Jugendlichen nach. »Wie denn? Sie hätte doch niemals auf mich gehört.« Die SS-Frau zupft ihren Kragen zurecht. »Vor mir hat sie ja schließlich auch Respekt«, erklärt sie. »Zumindest vor Ihrer Uniform«, rutscht mir heraus. Das war mutig. Schon warte ich auf ihre Reaktion. »Willst du eine Ohrfeige?!«, zischt die SS-Frau. Ich schweige. »Verschwinde!«, schreit sie mich an.

Episoden wie diese wiederholen sich. Manchmal habe ich das Gefühl, mir tatsächlich ein wenig Respekt verschaffen zu können, indem ich mich wehre.

Seit Monaten bekommen wir nichts als die trübe Brühe am Morgen, die faserige Suppe zu Mittag und das Stückchen Brot am Abend zu essen. Ausgehungert schaue ich eines Tages gemeinsam mit anderen Häftlingen dabei zu, wie eine SS-Frau genüsslich in ihren Apfel beißt. Sie isst sich bis ans Gehäuse vor und lässt doch ziemlich viel Fruchtfleisch übrig. Dann nimmt sie den Apfelrest und schmeißt ihn vor uns auf den Boden. Einige Frauen stürzen sich darauf. Sie wälzen sich im Dreck und kämpfen um das Stückchen Obst. Ich bücke mich nicht einmal. »Na, was ist denn mit dir«, ruft die SS-Frau, »raufst du gar nicht um den Apfel?« Sie scheint richtig konsterniert. »Ich bin kein Hund«, antworte ich. Und: »Glauben Sie, der Bissen Apfel macht mich satt?«

Hätte ich mich nach dem Apfelrest gebückt, hätte ich viel für mich verloren. Dass ich es nicht tue, verschafft mir einen Funken Anerkennung – und sei es nur durch mich selbst. Meine Menschenwürde ist das Kostbarste, was ich noch habe. Sie ist mir Trost und Motivation. Ich schwöre mir, sie mir nicht nehmen zu lassen.

Auf männliche Häftlinge treffen wir so gut wie nie. Sie sind im Männerlager interniert und streng von uns getrennt. Manche jedoch werden ab und zu für Arbeitsaufträge zu uns ins Frauenlager geschickt. »Du, ich muss dich was fragen«, höre ich eines Tages eine männliche Stimme hinter mir. Ich bin im Freien zwischen den Baracken unterwegs und schaue unruhig von links nach rechts. Eigentlich ist es uns strengstens verboten, mit Männern zu sprechen. Vielleicht möchte er aber herausfinden, ob ich seine Frau kenne, denke ich. Ich gehe langsam vor ihm her und konzentriere mich darauf, seine Worte zu verstehen. »Könntest du schnell mit mir hinter die Baracken gehen? Ich bräuchte dringend eine Frau. Ich hab so ein Bedürfnis«, sagt der Mann. Abrupt bleibe ich stehen. Unfassbarer Zorn steigt in mir hoch. Nun ist mir egal, dass die SS mich erwischen könnte. »Du elendige Dreck-sau!«, drehe ich mich um und schreie den Mann nieder, »du stinkst, ich stinke, wir sterben wie die Fliegen! Und du denkst an nichts anderes! Wenn du nicht sofort verschwindest, er-schlag ich dich!« Sichtlich nervös versucht der Mann, mich zu beschwichtigen: »Bitte, wenn uns wer sieht … unser Le-ben …« Ich zucke mit den Schultern. »Daran hättest du frü-her denken müssen.« Ich lasse den Häftling stehen, wechsle auf die andere Seite des Weges und blicke an mir herunter. Seit Monaten konnte ich mich nicht waschen. Läuse kleben von Kopf bis Fuß an mir. Ich bin nur noch Haut und Kno-chen. Mir graust vor meinem eigenen Körper. Und dieses widerwärtige Schwein will Sex mit mir haben? Unter nor-malen Umständen hätte ich in dieser Situation wohl einen Lachkrampf bekommen.

Obwohl Starkstromzäune den gesamten Lagerkomplex um-runden und das Gelände zusätzlich akribisch von Wachtür-men aus beobachtet wird, gelingt im Laufe des Jahres 1944 zwei Frauen irgendwie die Flucht. Alarm! Ausgehverbot für uns alle! Wir dürfen die Baracken nicht verlassen.

Dann bringt man sie zurück. An der Grenze zu Russland hat man sie aufgegriffen. Die Polen hätten sie nicht durch-gelassen, heißt es. Bis heute kann ich kaum in Worte fassen, wovon ich nun Zeugin werde. Gefesselt werden die Frauen zurück ins Lager geschleppt und zum Tode durch den Strang verurteilt. In Fünferreihen marschieren wir im Gleichschritt bis ans Ende des Lagers. In Reih und Glied müssen wir uns vor dem Galgen aufstellen.

Auf Scheibtruhen bringt man die zwei Frauen in unsere Mitte. Eine von ihnen scheint bereits halbtot zu sein. Sie hat sich vorab die Pulsadern aufgeschnitten, und man zieht sie bewusstlos an einem Strick um den Hals in die Höhe. Die zweite Frau singt. So laut sie kann singt sie die Internationale.

»Tod euch allen«, schreit sie dann und verflucht Hitler. Die SS will gerade auf sie einschlagen, als sie plötzlich eine Glasscherbe in der Hand hält. Eine Sekunde später hat auch sie sich vor uns die Pulsadern aufgeschlitzt. Blut schießt in alle Richtungen. »So, jetzt könnt ihr mich aufhängen«, ruft die Frau. Wir stehen dort und müssen es mit ansehen.

Manche von uns, die ein Instrument spielen, wurden in Auschwitz fürs Mädchenorchester eingeteilt. Sie muszieren, wenn wir täglich zur Arbeit marschieren, sie spielen im Lagerbordell oder zu besonderen Anlässen wie dieser öffentlichen Hinrichtung. Zwei der Geigenspielerinnen müssen sich neben dem Galgen platzieren. Heulend stehen sie da und streichen während der Vollstreckung zitternd mit ihren Geigenbögen über die Saiten.

Sobald die Frauen tot am Strick hängen, wird gepfiffen. Zurück in die Baracke. Jede von uns legt sich in ihre Pritsche. Keine spricht mehr ein Wort.

Wieder an einem anderen Tag erfolgt direkt vor meinen Augen eine Massenhinrichtung. Unentwegt blicke ich in Richtung des Lagertores, durch das soeben mehrere Lastwägen hereingefahren sind. Frauen in bunten Kleidern sitzen darauf und singen. Sie haben ihr schwarzes Haar zu langen dicken Zöpfen geflochten und tragen farbige Tracht. Gemusterte Tücher liegen um ihre Schultern. Wie schön sie sind! Wie ich sie um ihre Haare beneide! Ob sie etwa ihre Kleidung behalten dürfen? Ich kann es gar nicht fassen. Dem Vernehmen nach handelt es sich um einen Transport aus

Ungarn. Sind es Zigeunerinnen? Ich stehe in einiger Entfernung und bewundere die Frauen nicht ohne Neid. Ich selbst bin schmutzig und verlaust. Sie erscheinen mir wie Schauspielerinnen aus einem berühmten Film. Für eine Weile halten die Lastwägen im Inneren des Lagers, und wartend bleiben die Ungarinnen darauf sitzen. Gemeinsam mit anderen Gefangenen überlege ich, wo man sie wohl hinbringen wird. »Dort hinten gibt es doch gar keine Baracken mehr. Kommen sie vielleicht in ein Extralager?« Ich beobachte, wie die Lastwägen sich erneut in Bewegung setzen. Ich sehe, wie sie das Lager durch ein weiteres Tor verlassen. Plötzlich steuern sie auf eine tiefe Grube zu. Die Ladeflächen der Transporter werden gekippt. Die Ungarinnen werden in die Grube geschüttet. Kreischend fallen sie aufeinander. Ich bin mir sicher, die untersten ersticken sofort. Wie versteinert schaue ich aus der Ferne dabei zu, wie die obersten mit Benzin übergossen und angezündet werden. Eben noch habe ich sie so sehr bewundert. Nun verbrennen sie bei lebendigem Leib. Ihre markerschütternden Todesschreie hören wir bis ins Lager. Es ist entsetzlich. Zitternd sitze ich bei meinen Mithäftlingen. Keine von uns ist fähig, auch nur ein Wort zu sprechen. Es riecht nach verbranntem Stoff, verbrannten Haaren und verbranntem Menschenfleisch.

Wie meine Familie und ich sind auch die Ungarinnen im Morgengrauen vor Auschwitz-Birkenau angekommen. Mit dem Zug wurden sie bis vor das Lager transportiert und anschließend auf jene Lastwägen verfrachtet, die sie direkt in den Tod gefahren haben. Am Nachmittag desselben Tages werde ich vor das Lager beordert. Die Viehwaggone, in denen die Ungarinnen deportiert wurden, stehen noch da. Gemeinsam mit anderen Häftlingen muss ich sie reinigen.

Taschen voller Baguettes sind zurückgeblieben und viele Stangen Salami. Wir müssen die Proviantpakete einsammeln und bei der Bewachung abgeben. Kurz überlege ich, ob ich mir ein bisschen Weißbrot nehmen könnte. Würde es jemandem auffallen? Eine der SS-Frauen scheint an diesem Tag gutgelaunt zu sein. Sie bricht mir ein Stück von einem bereits angebissenen Baguette ab.

Ein einziges Mal erlebe ich, dass der Todesmaschinerie ein Mord misslingt. Tausende Leichen werden täglich aus den Gaskammern in die Krematorien transportiert. Häftlinge müssen sie auf Wägen verladen und durchs Lager rollen. Eines Tages bewegt sich unter einem der Leichenberge etwas. Fassungslos beobachtet die Bewachung, dass eine Frau zum Vorschein kommt, die das Giftgas überlebt hat. Ich kann mich noch daran erinnern, wie verschreckt die SS-Leute waren. Wie eine Art Geist ersteht die Frau von den Toten auf. Die SS traut sich weder, sie zu erschießen, noch sie erneut ins Gas zu schicken. Sie bringt die Überlebende einfach zurück ins Lager. Die Frau erhält Kleidung und regelmäßig zu essen. Sie lebt, kann ihre Umgebung aber nicht mehr wahrnehmen. Völlig entrückt spaziert sie herum und singt vor sich hin. Einmal wird ein großer Haufen Kohle vor die Küchenbaracke geliefert. Die Überlebende klettert auf die Spitze des Kohlebergs, setzt sich und fängt zu jodeln an. Keiner traut sich, sie herunterzuholen. Soll man sie bewundern? Soll man sie bedauern? Soll man an Geister glauben? Sie ist eine unheimliche Erscheinung.

Am 11. November 1944 liegt meine Ankunft im größten deutschen Vernichtungslager genau sieben Monate und einen Tag zurück. Mein Haar ist wieder etwas nachgewachsen.

Seit ich Läuferin bin, wurde es nicht mehr nachrasiert. Immer noch habe ich keine Ahnung, was mit meinem Vater passiert ist. Immer noch hoffe ich, dass er noch lebt! Ob er im Männerlager untergebracht ist? Wie er die hygienischen Zustände verkraftet? Er, dem Sauberkeit schon im normalen Leben so wichtig war! Ich kann mir ein Leben meines Vaters im Lager kaum vorstellen.

An jenem Tag im Herbst kommt eine Kommission nach Auschwitz-Birkenau. Sie stammt angeblich aus einer Fabrik und sucht Frauen, die über gutes Sehvermögen und Fingerspitzengefühl verfügen. Es heißt, sie führe Prüfungen durch und dass man sich bei ihr melden könne. Mir als Läuferin ist es als »Elite-Häftling« verboten, den Test durchzuführen. Ich streife meine Armbinde ab, betrete das Backsteingebäude und melde mich trotzdem. Nichts wie weg, denke ich. Lange halte ich hier nicht mehr durch. Ich muss Zwirne durch Nadelöhre fädeln und danach eine Glasplatte inspizieren. Unter der Platte liegt ein feines Haar eingeklemmt – dieses gilt es zu erkennen. »Die nehmen wir!«, sagt die Kommission, als ich die Prüfung mit Sehr gut bestehe. Dann geht alles sehr schnell. Ohne noch einmal in die Baracke zurückzudürfen, werde ich direkt in einen Viehwaggon eingesperrt, der schon vor dem Lager bereitsteht. Es ist noch früh am Tag, und laufend werden nun Frauen in den Zug geschickt, die den Test bestanden haben. Ich habe riesige Angst. Was, wenn schon auffällt, dass ich nicht als Läuferin beim Tor stehe? Hoffentlich fährt der Zug bald ab! Stundenlang stehen wir wartend in diesem Viehtransporter. Wir bekommen weder zu essen noch zu trinken. Wir haben keine Ahnung, wohin wir gefahren werden sollen. Plötzlich wird eine junge Frau vor mir wieder aus dem Waggon beordert. Ich bin starr vor Schock. Was, wenn ich die Nächste bin? Jede scheint dasselbe zu denken, und alle sind wir erleichtert, als die Frau wenig später zurückkehrt. »Zum Glück habe ich nur Geburtstagspost von meiner Mama bekommen«, erzählt sie. Da sie keine Jüdin, sondern eine politische Gefangene ist, darf sie Grußkarten erhalten und verschicken. So etwas wie »Viele Grüße« steht vorgedruckt darauf, und darunter kann man unterschreiben. Es vergeht eine gefühlte Ewigkeit. Spätabends setzt unser Zug sich endlich in Bewegung.

5. KAPITEL

HINTER DER GLÄSERNEN WAND

Meterhoher Schnee liegt neben der Straße, und es weht ein eisiger Wind. Eisbrocken kleben an unseren Strümpfen, als wir uns in Fünferreihen dicht aneinanderdrängen. Es stürmt so stark, dass selbst das Bewachungspersonal sich bei uns Häftlingen unterhakt. Obwohl wir stinken und voller Läuse sind, benutzen sie uns als Stütze, um durch die Windböen nicht umgestoßen zu werden.

Jeden Tag müssen wir morgens und abends diesen Fußmarsch zurücklegen. Er führt uns von einem Barackenlager vor der südpolnischen Stadt Reichenbach zu einer Philips-Fabrik einige Kilometer entfernt. Mittlerweile weiß ich, wozu die Kommission unser Sehvermögen getestet hat: Philips beschäftigt uns in der Nähe von Reichenbach als Zwangsarbeiterinnen. In einem großen Gebäude setzen wir Glühlampen für Flugzeuge zusammen. Tatsächlich braucht man gute Augen, um die Leuchtdrähte in den kleinen Birnen montieren zu können. Immer wird genau überprüft, ob wir auch keine Sabotage betreiben.

Ich weiß nicht, wie der Krieg verläuft. Seit Monaten hatte ich keinen Kontakt mehr zur Außenwelt. Zwar sind wir auf dem Weg zur und von der Fabrik nun draußen unterwegs, doch begegnen wir auch hier keiner Menschenseele. Ich kann mich nicht erinnern, irgendjemanden außerhalb des Fabrikareals gesehen zu haben. In der Arbeitshalle jedoch sind wir gemeinsam mit anderen Frauen beschäftigt. Frauen, die nach Dienstschluss vielleicht ein normales Leben führen.

Frauen, die am Nebentisch stehen und mir doch wie hinter einer gläsernen Wand erscheinen. Sie fürchten sich vor uns Häftlingen, das sieht man ihnen an. Umgekehrt beschäftigt mich ihr Anblick überhaupt nicht. Längst habe ich mit ihrer Welt abgeschlossen. Sie arbeiten im echten Leben, wir in einem bösen Märchen. Sprechen dürfen wir ohnehin nicht miteinander. Die SS bewacht jede unserer Bewegungen.

Abends geht es an Schneeverwehungen vorbei zurück ins Lager. Die Baracken in Reichenbach sind sauberer als die in Auschwitz-Birkenau. Und es ist nicht so zugig. Zwar wird hier ebenfalls nicht geheizt, doch im Gegensatz zu Auschwitz schlafen wir in einem wirklich geschlossenen Raum. Zum Zudecken gibt es erneut eine Pferdedecke. Beim Zurückkommen in die Baracke sind wir völlig durchnässt. So gut es geht, entledigen wir uns für die Nacht unserer Kleider. Ich weiß noch, dass ich mich zum Schlafen auf meine nasse Wäsche lege. Ich bemühe mich, sie durch meine Körperwärme für den nächsten Tag zu trocknen.

Einmal gelingt es mir, in der Wäschekammer der Fabrik eine Weste zu organisieren. Fein säuberlich trenne ich die Ärmel ab und ziehe sie mir fortan für den Marsch durch den Schnee als Hosenbeine an.

Jeden Morgen erwartet uns auch in Reichenbach jene heiße Flüssigkeit, die mich schon die Monate zuvor an Abwaschwasser erinnert hat. Mittags erhalten wir in der Fabrik eine Portion Suppe und abends im Lager ein Stück Brot.

Regelmäßig ist Fliegeralarm, denn die Fabrik ist potenzielle Zielscheibe für Bombenangriffe. Dann laufen die normalen Fabrikarbeiterinnen in den Luftschutzkeller, und wir Gefangenen werden in den Hof geschickt. Kniend müssen wir uns nebeneinander auf den Boden hocken, uns vornüberbeugen und einen runden Rücken machen. Damit wir von oben aussehen wie Krautköpfe, wird uns erklärt. Damit die Angreifer beim Drüberfliegen nicht erkennen, dass sich Menschen auf dem Gelände befinden. Meist wird der Alarm um die Mittagszeit ausgelöst. Bis wir uns danach wieder aufsetzen und ins Fabrikgebäude dürfen, ist die Essenszeit vorbei, und wir bekommen keine Suppe mehr.

Die Arbeit in der Fabrik bringt auch Angenehmeres mit sich: Das Fabrikgebäude ist geheizt. Eines Tages werden Freiwillige gesucht, die sich bereiterklären, die Fabrik zu reinigen. Ich melde mich. Als wir zu putzen anfangen, ist der Arbeitssaal leer, aber schön warm. Wir bekommen freien Zugang zu den Toiletten und einen Behälter mit heißem Wasser. Zuallererst nehme ich das Wasser mit aufs Klo. Ich schließe mich in einer Kabine ein, ziehe mich nackt aus und wasche notdürftig meinen dünnen Körper. Sauberes, heißes Wasser! Seit Monaten habe ich so etwas nicht gesehen! Ich reinige auch meine Unterwäsche und hänge sie anschließend auf einen Heizkörper zum Trocknen. Dann ziehe ich mein stinkendes Kleid erneut über, kehre in die Halle zurück und wische Tische, Bänke und Boden mit dem nun bereits schmutzigen Wasser. Bevor wir uns nach den Reinigungsarbeiten auf den Rückweg ins Barackenlager machen, hole ich meine warme, aber noch feuchte Unterwäsche wieder von der Heizung. Ginge ich heute damit bei Schneesturm auf die Straße – ich würde an Lungenentzündung sterben. Damals habe ich auch das ausgehalten.

Ich weiß noch, dass ich in einer der Glastüren der Fabrik einmal mein Spiegelbild entdecke. Seit Caprino habe ich keinen Spiegel mehr gesehen. Schnell blicke ich wieder weg. Das Wesen, das ich darin erkenne, bin nicht mehr ich.

Ich erinnere mich daran, dass wir Weihnachten im Jahr 1944 noch in Reichenbach verbringen. Wie schon zu Hitlers Geburtstag erhalten wir zur Feier des Tages einen Esslöffel Margarine und ein bisschen Kristallzucker. Außerdem bekommen wir eine Extraportion Brot. Mittlerweile besitzen wir einen Bleilöffel, dessen Stiel man provisorisch auch als Messer benutzen kann. Mithilfe dieses Löffels schneiden wir unser Brot in kleine Stückchen, bestreichen es mit Margarine und streuen Zucker darauf. Fertig sind unsere Weihnachtsbäckereien! Wir sitzen in der Baracke und singen Weihnachtslieder, als plötzlich eine von uns beginnt, auf Jiddisch zu singen. »A jiddische Mame« heißt das Lied, das sie anstimmt. Ich kann nur die erste Textzeile. Es ist ein berühmtes Musikstück, das von einer jüdischen Mutter handelt, die ihre Kinder liebt und alles für sie tut. Eine nach der anderen fangen wir zu heulen an. Wir brechen unser Weihnachtsfest ab und vergraben uns unter den Pferdedecken.

In Auschwitz hätten wir niemals beisammensitzen und Weihnachten feiern können. Dort waren die Baracken viel zu streng bewacht. In Reichenbach gehört die Nacht uns. Hier holt uns niemand zum Appell aus dem Schlaf. Es gibt auch keine Ratten. Und wir können uns in besonders kalten Nächten ein Bett teilen, ohne dass es bemerkt wird. Wir legen uns zu zweit zusammen, spenden uns gegenseitig ein wenig Körperwärme und haben auf diese Art zwei Decken statt nur einer zur Verfügung.

Ich kann nicht sagen, wie groß die Gruppe von Frauen war, mit der ich von Auschwitz nach Reichenbach transportiert wurde. Es scheint so bedeutungslos für mich gewesen zu sein, dass ich mich nicht genau erinnere.

Dann rückt die Kriegsfront immer näher. Es heißt, die

Russen seien auf dem Vormarsch. Schon können wir Kanonenschüsse hören und sehen schwarzen Rauch in den Himmel steigen. Die Fabrik wird geschlossen. Die Bewachung zwingt uns zum Aufbruch.

»Am 17. Februar 1945 mussten wir das Lager zu Fuß verlassen, da die russische Front 10 Kilometer entfernt war. Wir gingen mit 1 kg Brot, 5 dkg Butter und 1 Esslöffel Zucker pro Person vier Tage lang 120 km. Nachts schlief man in leeren Fabrikräumen oder Scheunen.« Letzteres notiere ich einige Monate später rückwirkend mit Füllfeder in ein blassgrünes Notizbuch. Auf zehn kleinen linierten Seiten habe ich während der ersten Zeit nach dem Krieg meine »Lagererlebnisse« niedergeschrieben.

Wir marschieren in Fünferreihen die Straße entlang. In miserablen Schuhen, durstig und vollkommen entkräftet. Nur nicht durch Erschöpfung auffallen! Wer einen Schwächeanfall hat, wird erschossen. Die Leiche landet im Straßengraben und wird nicht einmal verscharrt. Vielleicht holen Wölfe die Tote, oder ein Bewohner des nächsten Dorfes erbarmt sich und buddelt ein Loch. Zwei Schwestern aus Maribor sind mit uns unterwegs. Eine von ihnen hat von Geburt an einen Buckel und musste zu Hause in Slowenien stets ein Ledermieder tragen. In Auschwitz wurde es ihr weggenommen. Das Mädchen ist nun so schwach, dass wir es abwechselnd huckepack nehmen und tragen müssen. Irgendwann bleibt eine von uns stehen und setzt die Slowenin vorsichtig auf der Straße ab. »Ich kann nicht mehr«, keucht die Frau, die sie zuletzt geschultert hat. Das buckelige Mädchen ist nicht mehr fähig, sich auf den eigenen Beinen zu halten, und bricht zusammen. Verzweifelt steht die Schwester daneben. »Ich schaffe es auch nicht mehr, dich noch weiterzutragen.« Eine SS-Aufseherin bemerkt, dass die Slowenin auf der Straße liegt. Sie schafft sich Platz zwischen uns, zieht ihren Revolver hervor und erschießt das Mädchen. Dann befördert sie die Leiche mit einem Fußtritt in den Straßengraben. »Weitermarschieren!«, schreit sie uns an. Wir sind schwer geschockt. Doch in unserem tiefsten Inneren sind wir irgendwie erleichtert. Keine von uns hatte mehr die Kraft, das Mädchen noch weiterzutragen.

Vor, neben und hinter uns marschiert die SS. Nicht alle Aufseherinnen und Aufseher legen wie wir den ganzen Weg zu Fuß zurück. Immer wieder wechseln sie einander ab und steigen zwischendurch in einen Jeep.

Wie schon die letzten Monate erfolgt der Toilettengang auch auf dem Marsch nur auf Kommando. »Austreten«, wird gerufen. Ich sehe noch vor mir, wie wir eine Böschung hinunterklettern, uns hinhocken und die Bewachung sich von oben über uns lustig macht.

»Komm, du musst durchhalten«, versuchen wir einander während des Gehens gegenseitig mit aufbauenden Worten zu unterstützen. Abgesehen davon können wir nicht viel füreinander tun. »Schau, da wäre es eigentlich sehr schön«, sagt manchmal eine von uns, wenn wir durch ein hübsches polnisches Dorf spazieren. Nie begegnen wir auch nur einem Menschen. Sobald wir uns nähern, scheint in den Ortschaften Alarm ausgelöst und die Bevölkerung in ihre Häuser verbannt zu werden.

Einmal kommen wir in ein Dorf, das von der Schweinepest befallen ist. Am Ortsbeginn und am Ortsende müssen wir unsere ausgetretenen Schuhe auf in Desinfektionsflüssigkeit getränkten Teppichen abstreifen. Auch diese Gemeinde präsentiert sich uns als ausgestorben. Wir sollen hier auf einem Bauernhof übernachten, heißt es. Eigentlich ist es dem Landwirt verboten, mit uns zu sprechen, doch als er die Tür zu seinem Stall öffnet, flüstert er uns leise etwas zu. »Oben liegt Stroh«, sagt er und deutet auf eine Leiter, die auf eine Art Dachboden zu führen scheint, »aber passt auf, dass ihr nicht stürzt. Zwischen den Holzbrettern sind große Spalten.« Bevor er uns der Nachtruhe überlässt, deutet er noch auf eine große Kanne. Sie steht in einem Eck und ist bis oben hin mit frischer Milch gefüllt. Einige von uns legen sich direkt zu den Kühen. »Da ist es schön warm!«, freuen sie sich. Ich bin unter jenen, die auf den Dachboden klettern. Ich ziehe meine Schuhe kurz aus, lege sie mit Stroh aus und schlüpfe wieder hinein. So habe ich warme Füße. Zusätzlich nehme ich ein wenig Stroh zur Hand und reibe meinen Körper damit ab. Danach fühle ich mich etwas sauberer. Selbst wenn auf der Wegstrecke zwischendurch Schnee liegt, können wir uns nicht damit reinigen. Sich zu bücken ist verboten. Ohnehin bleibt man dem Boden lieber fern – wenn es schlecht läuft, wird das Hinunterbeugen mit einem Schwächeanfall verwechselt, und man wird erschossen. »Schaut, da sind Eier«, winkt mir eine Mitgefangene. Tatsächlich hat der Bauer auch Hühner. Wir schlagen die Eier auf und trinken sie roh. Jene, die bei den Kühen schlafen, melken die Tiere. Auch Rüben sind im Stall gelagert. Wir essen alles auf, was uns unter die Finger kommt. Als wir den Hof am nächsten Morgen wieder verlassen, haben wir außer dem Bauern selbst niemanden dort angetroffen. Wir haben ihn richtiggehend kahlgefressen.

Über das Eulengebirge, einen Gebirgszug im Südwesten Polens, marschieren wir immer weiter in Richtung der tschechischen Grenze. Wir blicken auf das benachbarte Riesengebirge und setzen Hoffnungen in das Märchen vom dort heimischen Berggeist Rübezahl. »Vielleicht kommt er und bringt uns Rüben«, malen wir uns aus. Er kommt nicht.

Ich weiß nicht mehr, wo wir im tschechischen Trautenau schließlich Unterschlupf fanden. Meinen Notizen zufolge haben wir in dieser Stadt eine Pause eingelegt. »In Trautenau bekam man für 24 Stunden ein Sechstel von einem Kilogramm Brot und einen halben Liter Abwaschwasser der SS als Suppe.« Dann wird weitermarschiert. Wiederholt versucht die SS, uns auf dem Weg in verschiedenen Lagern unterzubringen, doch keines hat Platz für uns. Da alle vollkommen überfüllt sind, müssen wir jedes Mal weiterziehen.

Eines Nachts schlafen wir in einer Schule auf dem Boden. Erleichtert stellen wir beim Ankommen fest, dass die Räumlichkeiten geheizt sind. Viele der anderen Häftlinge ziehen sich sofort die Schuhe aus und fangen an, ihre schmerzenden Füße zu kneten. Manche behalten sie an, da sie Angst haben, eine andere könnte sie stehlen. Ich fürchte nicht um mein primitives Schuhwerk. Es besteht aus einer Holzsohle und darauf angenageltem Leder. Bei jedem meiner Schritte bleibt das Brett unter meinen Füßen vollkommen unbeweglich. Dennoch schlüpfe ich vor dem Schlafengehen bewusst nicht aus meinen Holzlatschen. Ein paar andere Frauen halten es genauso. Als wir morgens in die schmerzerfüllten Gesichter unserer Mitgefangenen blicken, wissen wir, dass wir gut daran getan haben. Über Nacht sind deren Füße dermaßen angeschwollen, dass sie es kaum schaffen, ihre Schuhe wieder anzuziehen.

Irgendwann werden wir auf einen Zug verladen. Diesmal handelt es sich nicht um Viehwaggone, sondern um jene offenen Anhänger, die üblicherweise zum Transport von Holz verwendet werden. Je sechzig von uns werden zusammen auf eine Ladefläche geschlichtet. Um möglichst platzsparend verstaut werden zu können, müssen wir uns hintereinander auf die Plattform setzen und die Beine grätschen. Die Vorderfrau muss sich genau in die Mulde fügen und wiederum für die nächste die Füße auseinanderstrecken. »Wir sehen aus wie das Muster eines Parkettbodens«, stellen wir fest. Man spannt eine Plane über unsere Köpfe und befestigt sie an den Seiten der Ladefläche. Fünf Tage und sechs Nächte bewegen wir uns auf diese Weise fort. Optisch sind wir für Außenstehende als normaler Güterzug getarnt. Sitzend und aneinandergequetscht schlafen wir jeden Abend ein. Trotzdem ist die Zugfahrt angenehmer als das anstrengende Marschieren. Und wenigstens ist uns durch die viele Körperwärme nicht kalt. Als die Plane eines Morgens geöffnet wird, blicken wir verwundert auf eine dicke Schicht Schnee. Unter der Abdeckung haben wir nicht einmal mitbekommen, dass es draußen geschneit hat. Noch heute wundert mich, dass während dieses Transports keine von uns erstickt ist. Anscheinend ist die Plane nicht ganz dicht gewesen.

Mit dem Zug erreichen wir Porta Westfalica bei Minden, eine Stadt, die – wie ich heute weiß – in der Nähe von Bielefeld und Hannover liegt. Einige Tage lang werden wir hier zum Arbeiten in eine unterirdische Fabrik geschickt. Nachts schlafen wir in einem Militärlager, das leer steht, da die Soldaten an die Front mussten. Nach kurzer Zeit heißt es, die Engländer würden uns zu nahe rücken. Man verlegt uns in das etwas weiter östlich gelegene Lager Beendorf.

Mittlerweile muss es März 1945 sein, und die Sonne wärmt bereits ein wenig. Wir sitzen im Lager entlang einer Mauer im Freien am Boden und zerdrücken die kleinen beißenden Tierchen, die jede Naht unserer Kleider bevölkern. Noch nie habe ich so viele Läuse erlebt wie in Beendorf. Manchmal müssen wir direkt über uns selber lachen. Wie Affen klauben wir sie uns gegenseitig von den Köpfen.

In Beendorf werde ich erneut zur Zwangsarbeit eingeteilt. Täglich muss ich in einer Fabrik an einer Maschine sitzen und Löcher in Metallplatten stanzen – wir stellen Ersatzteile für Flugzeuge oder Panzer her. Der Betrieb ist unterirdisch in einem ehemaligen Salzbergwerk gelegen. Bereits der Weg in die Fabrik führt durch den Berg. Eine Stunde lang sind wir unterwegs, bis wir unseren Arbeitsplatz erreichen. Schon am ersten Tag entzündet sich mein Hals durch die salzige Luft so schwer, dass ich fortwährend kaum sprechen kann. Da wir direkt im Berg tätig sind, gibt es keine Möglichkeit zu lüften. Durch den Feinstaub sind unsere Augen rot und angeschwollen. Ich bin wahnsinnig durstig. Wieder einmal bekommen wir kaum zu trinken und können uns im Lager nicht wirklich waschen. »In einer Literschüssel Wasser wuschen sich vier bis fünf Personen und waren noch glücklich, sich so gewaschen zu haben. Deshalb war das Lager verlaust, und die Leute sahen aus wie der Tod. Das nannte die SS: Muselmann«, notiere ich später.

Aus irgendeinem Grund wird eines Abends eine Nachtschicht eingeschoben. »Einrücken!« Ich bin soeben von meinem üblichen Dienst ins Lager zurückgekehrt, als ich den Befehl vernehme. Manche von uns müssen nach ihrer Tagesschicht zusätzlich eine Nachtschicht übernehmen. Auch ich bin unter den Auserwählten. Ich sehe noch vor mir, wie ich halb im Schlaf den Hebel an der Maschine betätige und darauf hoffe, die Löcher noch richtig zu stanzen. Vor Müdigkeit kann ich kaum mehr etwas sehen. Dass mir nur ja kein Fehler unterläuft, denke ich. Hinter mir steht wie immer die SS. Die Platte kaputtzumachen wäre eine Katastrophe. Sofort würde mir Sabotage vorgeworfen werden. »Finger weg, bevor du den Hebel hinunterdrückst«, sage ich mir innerlich vor und bemühe mich, mich nicht zu verletzen. Als ich nach der zweiten Schicht Metallarbeit zurück ins Lager komme, bin ich vollkommen erschöpft.

Als wir nach einigen Wochen aus Beendorf wegkommen, bin ich erleichtert. »Endlich kamen wieder die Engländer. Als sie sechs Kilometer von uns entfernt waren, mussten wir ›schnell, schnell‹ in Viehwaggone einsteigen, und ohne Verpflegung wurde abgefahren«, vermerke ich rückblickend über unseren Aufbruch. Nach vier Tagen, in denen wir überhaupt nichts zu essen bekommen, hält unser Zug für einige Stunden in einem deutschen Dorf, und die SS »organisiert« Kartoffeln von einem nahe gelegenen Acker. Die Essensration des nächsten Tages besteht aus drei gekochten Erdäpfeln. Für die darauffolgenden 24 Stunden bekommen wir je eine Handvoll rohe Nudeln und einen Esslöffel Zucker. »Am 7. Tag bekamen wir vom deutschen Roten Kreuz ⅓ kg Brot und 5 dkg Margarine, wir wollten unseren Augen nicht trauen, noch weniger unseren Ohren, als man uns sagte, es sei für 24 Stunden. So viel? Unser Magen war das nicht mehr gewohnt, und wir konnten es nicht aufessen.« Danach verbringen wir weitere zwei Tage erneut vollkommen unversorgt.

Immer wieder heißt es, wir würden auf unserer Bahnfahrt von den Engländern verfolgt. Als wir schon über eine Woche lang mit dem Zug unterwegs sind, treten die ersten Todesfälle ein. Zwischen 120 und 160 Personen sind jeweils in einem Viehwaggon eingepfercht. Menschen um mich herum sterben an Hunger, Durst und Luftmangel.

Nach etwa zehn Tagen erreichen wir das zerbombte Hamburg. Wieder einmal beziehen wir ein Lager. Mit Schaudern erinnere ich mich an den dortigen Lagerleiter. Er zählt zu den brutalsten Menschen, die mir im Laufe meiner Gefangenschaft begegnet sind.

Die Kriegsfront hat Hamburg beinahe erreicht, und wir werden dazu gezwungen, am Stadtrand Panzergräben zu bauen. Feindliche Panzer sollen dadurch daran gehindert werden, ins Zentrum zu gelangen.

Lily, jenes Mädchen aus Wien, das ich nicht besonders leiden kann, hat Auschwitz mit demselben Transport wie ich in Richtung der Philips-Fabrik verlassen. Gemeinsam sind wir nun bis nach Hamburg gekommen. In diesen Tagen ist Lily so erschöpft, dass sie einfach nicht mehr kann. »Bitte, ich möchte mich krankmelden«, sagt sie beim morgendlichen Appell. Der Lagerleiter zieht eine Peitsche aus einem seiner schön polierten Stiefel. »Du wirst gleich gesund sein«, sagt er. Dann lässt er seine Peitsche auf Lily niedersausen. Wieder und wieder. Als sie sich vor Schmerzen auf dem Boden windet, sieht der Mann sie an: »Jetzt kannst du arbeiten. Jetzt bist du gesund.« Uns allen tut Lily entsetzlich leid. Sie steht auf und muss tatsächlich den ganzen Tag lang mit uns Gräben bauen. Die Erde, die wir für die Panzergräben mit Schaufeln händisch ausstechen müssen, ist hart wie Beton. Teilweise müssen wir sogar auf ausgetretenen Wegen oder Straßen zu graben beginnen. Hinter uns steht wie immer die SS. Wer aufgibt, wird zu Tode geprügelt. So gut es möglich ist, schirmen wir Lily mit unseren Körpern ein wenig ab – damit sie zwischendurch pausieren kann, ohne dass die Bewachung es bemerkt.

Es ist April 1945, und wir wissen, dass die Front immer

näher rückt – warum sonst ließe man uns Panzergräben bauen. Wir hoffen auf ein Kriegsende. Doch wir haben keine Chance auf Informationen. Niemand von uns ahnt, dass die Kapitulation Deutschlands unmittelbar bevorsteht.

Jeden Tag erhalten wir im Hamburger Lager eine Portion Suppe aus weichgekochtem Brot. Obenauf schwimmt eine dicke Schicht von weißem Schimmel. Wir haben keine Wahl. Wir schöpfen den Schimmel ab und trinken, was man uns in die Hand drückt.

»Aufstellen!« Wieder einmal sollen wir abgezählt werden. »Jetzt werden wir erschossen«, geht ein Raunen durch die Menge. So etwas Ähnliches hatten wir am Weg nach Hamburg schon einmal erlebt: Hundert Personen aus unserer Gruppe wurden abgezählt. Dann mussten sie sich auf einer Wiese nebeneinander aufstellen und wurden exekutiert. Diesmal sollen tausend ausgewählt werden. Frauen vor mir weichen nach hinten, um zu verhindern, unter die tausend zu kommen. Hamburg kann ohnehin nicht gut ausgehen, denke ich. Entweder ich werde zu Tode geprügelt, man erschießt mich, oder ich breche zusammen. Ich bin am Ende meiner Kräfte angelangt. Was auch immer mit den tausend passieren wird – ich will eine von ihnen sein. So gut es geht, dränge ich mich Stück für Stück immer weiter nach vorne.

6. KAPITEL

WO IST MEIN VATER?

Anfang Mai 1945 befinde ich mich als eine von tausend abgezählten Hamburger Häftlingen erneut auf einer Fahrt ins Ungewisse. Wieder in einem Viehwaggon. Diesmal sind wir nur zu je fünfzig zusammengepfercht und haben verhältnismäßig viel Platz.

Zu unserem Abschied hat der Hamburger Lagerleiter es nicht verabsäumt, noch eine Ansprache zu halten. »Vergesst nicht, wie gut ich zu euch war«, gab er uns mit auf den Weg, »vergesst nicht, wie sehr ich mich bemüht habe, Brot für eure Suppe zu beschaffen.«

Dass er es extra verschimmeln ließ, bevor er den Auftrag gab, es zu verkochen, erwähnte er nicht.

Wir hieven eine von uns hoch, damit sie aus der winzigen Luke unter dem Dach des Waggons ins Freie schauen kann. »Wohin fahren wir?«, rufen wir zu ihr hinauf. Skeptisch schüttelt sie den Kopf. »Ich weiß nicht. Ich sehe saftige grüne Wiesen und schöne Häuser. Alles sieht so friedlich aus.« Sie klettert zu uns auf den Boden zurück. »Wir fahren durch bewohntes Gebiet. Hier können sie uns definitiv nicht erschießen.« Plötzlich hält der Zug. Alle Türen des Waggons werden von Soldaten aufgerissen. »Aussteigen!«, schreien sie. »Nein«, rufen wir, »nein, wir steigen nicht aus. Wir weigern uns.« Jener Soldat, der am wenigsten weit von mir entfernt steht, versucht es erneut: »Aussteigen! Seid nicht blöd. Ihr seid frei!« Wir rühren uns nicht vom Fleck. Diese Witze kennen wir schon zur Genüge! Nun tritt eine Mitgefangene vor, die aus reichem Hause stammt und früher öfter auf die Jagd gegangen ist. »Gib mir dein Gewehr«, sagt sie zu dem deutschen Soldaten. Tatsächlich überreicht er ihr seine Waffe. Irgendetwas stimmt hier nicht. Schussbereit stellt sich die Frau vor den Soldaten. »Ich warne dich«, sagt sie, »ich kann schießen.« Dann dreht sie sich zu uns um. »Geht hinter mir vorbei und steigt aus!« Eine nach der anderen hüpfen wir vorsichtig von der hohen Plattform des Viehwaggons herunter. Rot-Kreuz-Schwestern tauchen plötzlich auf und schieben Holzstufen vor die Ausgänge, um uns das Aussteigen zu erleichtern. Helfend strecken sie uns ihre Hände entgegen. Viele von uns sind so schwach, dass sie gestützt werden müssen. Argwöhnisch sehen wir uns um. Es fällt kein einziger Schuss. Auch nicht, als die Frauen aus dem Waggon hinter uns anfangen auszusteigen. »Wo sind wir?«, frage ich eine der Rot-Kreuz-Schwestern. Sie spricht gebrochen Deutsch. »Dänemark«, sagt sie, »in Padborg in Dänemark. Ihr seid frei.« Zu unserer Verwunderung ist unser Zug in einen richtigen Bahnhof eingefahren. Ungewöhnlich, denken wir. Normalerweise wurden wir immer auf Nebengleisen auf- und abgeladen. Ein Mann mit Flugblättern kommt auf uns zu. »Der Krieg ist aus! Deutschland kapituliert« steht auf Dänisch und Deutsch darauf. Es fühlt sich an wie ein Gerücht. »Wir glauben auch, dass es stimmt«, sagt einer der deutschen Soldaten, die uns bewacht haben. Gemeinsam mit seinen Kollegen legt er sein Gewehr zur Seite. Dann fahren sie zurück nach Deutschland.

Wir haben viel zu viel erlebt, um bezüglich einer Nachricht von Freiheit und Kriegsende nicht misstrauisch zu sein. Vom Bahnhof aus führt man uns in ein Lager. »Der Krieg ist aus«, wird uns auch dort gesagt. Jene tausend Frauen, unter denen ich mich befinde, seien durch einen Gefangenenaustausch des schwedischen Grafen Bernadotte befreit worden. Fast gleichzeitig habe Deutschland kapituliert. Die Baracken, in die man uns nun bringt, sind sauber und freundlich. In der Mitte des Lagers steht ein Brunnen. Stundenlang stehe ich davor, trinke aus einem Becher, der dort hängt, und wasche mir ständig mein Gesicht und meine Hände. Ich habe das erste klare fließende Wasser seit vierzehn Monaten vor mir! Ich kann gar nicht genug bekommen. Da ich kein Handtuch habe, lasse ich die Tropfen auf meiner Haut an der Luft trocknen.

Als ich gerade wieder dabei bin, mir das Wasser über die Hände laufen zu lassen, kommen, begleitet von zwei Rot-Kreuz-Schwestern, einige Männer in Uniform auf mich zu. »Woher sind Sie?«, fragt mich einer von ihnen, der wie ein hoher Offizier auf mich wirkt. Ich erzähle ihm, dass ich aus Österreich stamme. Der Mann greift in seine rechte Hosentasche und zieht ein Päckchen Zigaretten hervor. »Rauchen Sie?«, fragt er mich. »Nein, danke«, lehne ich ab. Daraufhin greift er in seine linke Hosentasche und holt eine Handvoll Schokolade heraus. »Die mögen Sie aber schon?« Ich nicke. »Danke«, sage ich und nehme mir ein kleines Täfelchen. Der Mann öffnet meine Hand und kippt mir auch die restliche Schokolade hinein. »Alles Gute«, sagt er, bevor er mit den anderen Uniformierten weiterzieht. Eine der Schwestern stürzt richtiggehend auf mich zu. Für einen Augenblick glaube ich, sie nimmt mir meine Schokolade wieder weg. »Wissen Sie, wer das war?«, fragt sie mich. Ich zucke mit den Schultern. »Nein, woher sollte ich das wissen?« Aufgeregt steigt die Schwester von einem Fuß auf den anderen. »Das war unser König!« »Wessen König?«, frage ich. »Der dänische König! Kennen Sie ihn nicht?« Ich blicke dem freundlichen Mann nach. Woher sollte ich ihn kennen? Als ich in die Baracke zurückkomme, werde ich ein bisschen gefeiert. »Wow, die hat Schokolade vom dänischen König bekommen!« Mein erstes Erlebnis in Freiheit.

Einige Tage verbringen wir in diesem Lager, erhalten Tee, in Wasser gekochte Haferflocken und einmal sogar belegte Brötchen. Manche essen drei oder vier davon, und dann ist ihnen schlecht. Unsere Mägen sind so viel Nahrungsaufnahme nicht mehr gewohnt. Schon nach einem Stück habe ich das Gefühl, vollkommen satt zu sein. Wie mein erstes richtiges Brot nach dem Krieg geschmeckt hat, weiß ich nicht mehr zu sagen. Salzig auf jeden Fall, denn als ich hineinbeiße, rinnen mir dicke Tränen die Wangen herunter.

Immer noch tragen wir unsere stinkende verlauste Kleidung, als wir an einem der kommenden Tage ans Meer gefahren und auf eine Fähre gebracht werden. »Ihr werdet nach Schweden transportiert«, wird uns gesagt. Schließlich sei es ein schwedischer Graf gewesen, der unsere Gruppe von tausend Frauen befreit hat. Schweden ist mir zu diesem Zeitpunkt noch überhaupt kein Begriff. Liegt es irgendwo am Nordpol? Wir sitzen an langen Tischen im Inneren des Schiffes und schlürfen zum ersten Mal seit einer Ewigkeit nicht aus einer dreckigen Schüssel. Ein Kellner, der Frack trägt, serviert uns gekochte Haferflocken. Auf richtigen Porzellantellern. Mit Löffeln! Während er die Portionen austeilt, versucht er, möglichst an niemandem von uns anzustreifen. Er ist nicht unfreundlich, aber er spricht kein Wort mit uns. Man sieht ihm an, wie sehr ihm vor uns graust. Ich kann es ihm nicht verdenken. Wir stinken, sind schmutzig, und der Arme muss uns auf diesem Schiff bedienen! So ungepflegt bei dieser Mahlzeit zu sitzen ist eine der furchtbarsten Be-gebenheiten für meine Menschenwürde.

Als wir knapp vor Helsingborg sind, gehen wir an Deck und machen uns zum Ausstieg bereit. Am Ufer kann ich schon von weitem eine Delegation von Uniformierten er-kennen. Musik dringt übers Meer zu uns. Beim Anlegen spielt eine Kapelle die schwedische Hymne und die Inter-nationale zur Begrüßung. In diesem Augenblick verliere ich meine Nerven. Während das Schiff mit Tauen festge-macht wird und alle von Bord gehen, verkrieche ich mich in einer Nische auf der Fähre und weine wie ein Schloss-hund. Sie spielen die Internationale! Also ist es tatsächlich vorbei. Also bin ich tatsächlich frei. In diesem Moment ka-piere ich es zum ersten Mal. Es beutelt mich vor lauter Wei-nen, und fast hätte ich den Ausstieg komplett verpasst. Eine Rot-Kreuz-Schwester entdeckt mich bei ihrem abschließen-den Kontrollgang auf dem Schiff. Es schüttelt mich so sehr, dass ich kaum gehen kann. Sie muss mich stützen, damit ich die Fähre über die dafür vorgesehene Rampe verlassen kann. Am Ufer steht ein schön gekleideter Herr, der mir die Hand reicht. »Willkommen in Schweden«, sagt er. »Wissen Sie, wer das war?«, fragt mich die Rot-Kreuz-Schwester spä-ter. Ich schüttle den Kopf. »Das war der schwedische König!« Mein zweiter König innerhalb kürzester Zeit.

Es ist Anfang Mai 1945, und für zwei Wochen bringt man uns in Helsingborg in einer Schule unter. Wir werden regis-triert, entlaust, gewaschen und erhalten neue Kleidung. Un-sere alte Wäsche kommt in große Säcke und wird irgendwo verbrannt. Ich wiege angezogen nur noch 34 Kilo.

Ich organisiere mir etwas zum Schreiben und klebe einen Zettel an die Wand. »Wer weiß etwas von Ernst Pressburger?«, schreibe ich in großen Buchstaben darauf. Endlich kann ich nach meinem Vater suchen. »Können Sie mir bitte helfen, ihn zu finden?«, frage ich die Rot-Kreuz-Bediensteten. Sie versprechen mir, Nachforschungen in die Wege zu leiten.

In dieser ersten Zeit nach der Befreiung kreisen meine Gedanken fast ausschließlich um meinen Vater. »Ich lebe«, ist alles, was ich sonst noch denken kann. Ich bin in Freiheit, und ich lebe. Was geschehen ist, schiebe ich innerlich aus Selbstschutz so weit wie möglich von mir weg.

Mitte Mai fährt man uns weiter nach Malmö. In einem Museum, in dem zu diesem Zeitpunkt gerade Renovierungsarbeiten durchgeführt werden, kommen wir in Quarantäne. Solange man nicht sichergestellt hat, dass wir gesund sind, dürfen wir das Museumsareal nicht verlassen. Wir schlafen in Nischen, die während der Betriebszeiten wohl für Skulpturen oder andere Ausstellungsstücke gedacht sind. Unsere Matratzen, Pölster und Decken sind aus Papier und mit Papier gefüllt – um etwaiger Infektionsgefahr vorzubeugen, werden sie nach unserem Aufenthalt vernichtet. Dreimal täglich stelle ich mich im Museum unter die Dusche. Kaum draußen, habe ich schon wieder das Bedürfnis, mich erneut zu waschen. Endlich kann ich mich mit Seife reinigen! Endlich wieder mit einem Handtuch abtrocknen! Es ist eine Wonne. Abgesehen vom Duschvergnügen, habe ich jedoch das Gefühl, vom Nichtstun wahnsinnig zu werden. Wir haben keine Beschäftigung, außer in Nachthemd und Hausschuhen durchs Gebäude und manchmal in den Garten zu spazieren.

»Kann ich Ihnen bei irgendetwas helfen?«, frage ich das Personal. Fortan darf ich eine unserer Betreuerinnen ein wenig bei der Arbeit unterstützen. Wir alle werden genau untersucht und zu unseren Kriegserlebnissen befragt. Zu diesem Zweck wird von jeder Einzelnen ein Datenblatt angelegt. Im Nachthemd sitze ich von nun an mit Stift und Papier an einem Tischchen. Ich erhalte die Aufgabe, Namen, Geburtsort und Geburtsdatum der Befragten zu notieren.

Ich lege mir Bleistift und Papier zudem neben meine Matratze. Nachts kann ich oft nicht schlafen, weil das Erlebte anfängt, mir durch den Kopf zu gehen. Hochkonzentriert versuche ich außerdem, mich an die Namen meiner Verwandten aus Österreich zu erinnern. Ich war elf Jahre alt, als wir Wien verlassen mussten. Ich wusste die Vornamen meiner Tanten und Onkel. Aber Nachnamen? Adressen? Es waren meine Eltern, die aus der Emigration an ihre Geschwister schrieben, nicht wir Kinder. Immer, wenn mir etwas von früher einfällt, notiere ich es auf einem Blatt Papier.

Noch einmal begegne ich während meiner Zeit in Malmö jemandem aus einem Königshaus. Die holländische Kronprinzessin stattet dem Museum einen Besuch ab und verteilt Necessaires an die holländischen Befreiten. Zahnbürste, Zahnpasta, Seife und andere Toilettenartikel befinden sich in den kleinen Täschchen, die sie ihren Landsleuten überreicht. Jedes Land hat bereits Vertreter zu uns ehemaligen KZ-Häftlingen gesandt, jedes Land außer Österreich. Lily, die nach wie vor mit mir unterwegs ist, und ich bekommen als einzige Österreicherinnen von niemandem Besuch. »War für Sie schon jemand da?«, fragt mich die holländische Prinzessin, als sie bemerkt, dass ich sie beobachte. Ich schüttle den Kopf. »Dann darf ich Ihnen auch ein Täschchen überreichen«, sagt sie und drückt mir eines ihrer Necessaires in die Hand. Dankend nehme ich es an.

Für unsere Spaziergänge im Garten bekommen wir eigens Mäntel ausgehändigt. Ich marschiere bis zum Zaun, wo junge Menschen neugierig durchs Gitter schauen. »Woher kommst du?«, fragt mich ein schwedisches Mädchen in meinem Alter. Sie habe Deutsch in der Schule gelernt und würde sich gerne ein wenig mit mir unterhalten. Ethel ist zwei Jahre älter als ich. Sobald man mich im Museum für gesund erklärt, darf ich Ausflüge in die Stadt machen. Ethel holt mich ab und spaziert mit mir durch Malmö. Wir lernen einander besser kennen und bleiben unser Leben lang befreundet. Auch mit Bertil, einem schwedischen Burschen, bleibe ich viele Jahre lang in Kontakt.

Dann erhalte ich Post. Keine heißersehnten Neuigkeiten bezüglich meines Vaters, sondern den Brief einer weit entfernten Verwandten. Sie lebt in Schweden, hat irgendwo gelesen, dass der schwedische Graf Bernadotte Gefangene befreit hat, und meinen Namen auf einer Liste entdeckt. »Bist du die Tochter von Gisela und Ernst Pressburger?«, schreibt sie. »Dann würde ich dich gerne kennenlernen.« Frau Schnabls Mutter und meine Großmutter waren Cousinen, stellt sich heraus. Sie hat meine Eltern in jungen Jahren gut gekannt und ist als engagierte Sozialistin schon unter Dollfuß nach Schweden geflüchtet. Sie habe mich als Kind öfter getroffen, schreibt sie. Ich habe keinerlei Erinnerung an sie.

Als wir Malmö verlassen und in einem Erholungslager in der Nähe von Stockholm untergebracht werden, fragt man uns nach unseren Plänen. Bleibt ihr in Schweden? Möchtet ihr in euer Heimatland? Frau Schnabl besucht mich. »Du kannst bei uns in Stockholm wohnen«, sagt sie. Ich nehme ihr Angebot an. Wo sollte ich sonst schon hin?

Dass Frau Schnabl mich überhaupt finden konnte, liegt an der »Österreichischen Vereinigung in Schweden«. Bruno Kreisky ist damals Vorsitzender dieser überparteilichen Organisation, die in Schweden Anlaufstelle für Emigranten aller politischen Lager ist. Aus dem schwedischen Exil setzt Kreisky sich auch für Österreich ein und organisiert nach Kriegsende zahlreiche Hilfslieferungen. Auf einem Flugblatt der »Österreichischen Vereinigung« hat meine Verwandte meinen Namen entdeckt.

»Mädel, wie geht es dir?«, ruft Bruno Kreisky mir jedes Mal zu, wenn wir einander sehen. Erstmals treffe ich ihn an meinem achtzehnten Geburtstag auf einem Gartenfest der österreichischen Emigranten. Frau Schnabl und ihr Mann sind mit Kreisky befreundet. In Stockholm sind die Familien Nachbarn, und wir begegnen einander immer wieder.

»Es gibt ein deutschsprachiges Internat. Dort könntest du deine Schulausbildung nachholen«, bietet Kreisky mir an. Ich lehne ab. Ein Internat bedeutet Schlafsäle und Vorschriften. Ich würde mich wieder eingesperrt fühlen. Ich kann es nicht mehr. Zwei Wochen lang schickt mich die »Österreichische Vereinigung in Schweden« mit Frau Schnabls Familie auf Erholungsurlaub an einen See. Dann verschafft meine Verwandte mir eine Stelle in einer Handtaschenfabrik.

In meiner Freizeit spiele ich sehr gerne mit Frau Schnabls sechsjährigem Sohn. Ich erzähle ihm Märchen auf Deutsch und lese ihm schwedische Bücher vor, ohne selbst ein Wort zu verstehen. Der Kleine verbessert mich, und so fange ich an, die fremde Sprache zu lernen.

Als ich Frau Schnabl und ihren Mann Anfang des Sommers auf das Gartenfest der »Österreichischen Vereinigung in Schweden« begleite, bekomme ich dort eine kleine öster-

reichische Fahne geschenkt. Sie steckt auf einem Holzstäb-
chen, das ich in der Hand halte, als ich nach der Veranstaltung mit den Schnabls in die Straßenbahn steige. Das
Ehepaar unterhält sich mit anderen Herrschaften auf Schwedisch, und ich lausche aufmerksam den fremd klingenden
Worten, als die Straßenbahn plötzlich abbremst, ich auf
Frau Schnabl geschleudert werde und die Halterung meiner rot-weiß-roten Fahne ihre Wange streift. »Willst du mir
die Augen ausstechen?!«, ruft Frau Schnabl, »beinahe wäre
ich blind geworden!« Sie macht einen furchtbaren Aufstand,
und als wir nach Hause kommen, kann sich auch ihr Mann
nicht beruhigen: »Meine Frau kümmert sich so sehr um dich,
und du versuchst, sie umzubringen?!« Er nimmt das kleine
Gestell, auf dem meine Fahne steckt, öffnet das Fenster und
schmeißt mein Geschenk in den Garten. Ich drehe mich um,
öffne die Tür zu seinem Zimmer, greife mir seine Füllfeder
vom Tisch und werfe sie ebenfalls hinaus. Herr Schnabl er-
starrt zur Salzsäule. Doch er schimpft mich nicht weiter.
Stumm holt er Fahne und Füllfeder ins Haus. Schweigend
nehme ich mein Geschenk wieder entgegen. Mit mir nicht
mehr, denke ich. Ich schwöre mir, mir nichts mehr gefallen
zu lassen.

Ich bin den Schnabls sehr dankbar, dass sie mich bei sich
aufnehmen. Dennoch habe ich das Gefühl, dass sie meine Situation nicht richtig verstehen können. Als das Ehepaar Anfang der 1930er Jahre nach Schweden auswanderte, musste
Herr Schnabl zu Beginn trotz seines Doktortitels in einer Fabrik arbeiten. »Wir hatten es auch nicht einfach«, vergleicht
er seine Anfangsschwierigkeiten mit meinen KZ-Erlebnis-
sen. Ich kann kaum zuhören, wenn er davon anfängt.

Niemand hat auf den Aushang reagiert, mit dem ich gleich nach meiner Ankunft in Schweden nach meinem Vater gesucht habe. Niemand vom Roten Kreuz konnte mir sagen, ob mein Papa noch lebt. Auch mehrere Monate nach Kriegsende fehlt von meinem Vater jede Spur. Wieder und wieder versuche ich, mir Gespräche meiner Eltern über unsere Verwandten ins Gedächtnis zu rufen. Nach und nach fallen mir die Namen und Wohnorte einiger meiner Tanten und Onkel in Österreich wieder ein. Sogar eine Cousine in London kontaktiere ich. Bruno Kreisky hilft mir dabei, die genauen Adressen herauszufinden. Ich weiß nicht mehr, an wen ich letztlich alles geschrieben habe. »Ich habe überlebt«, steht in meinen Briefen, »falls der Papa sich bei euch meldet, sagt ihm bitte, dass ich in Schweden bin.« Als Erstes würde er seine Geschwister in Wien kontaktieren, da bin ich mir sicher. Auch in Caprino würde er Bescheid geben, dass er noch am Leben ist. Darum schreibe ich zusätzlich nach Italien. Vielleicht liegt er irgendwo in einem Spital und konnte sich deshalb bisher bei niemandem melden, überlege ich. Doch irgendwann glaube ich immer weniger daran, dass mein Vater noch leben könnte.

Eines Tages kommt Post aus Caprino. »Im Rathaus stehen noch zwei Koffer Ihrer Familie mit Bettwäsche und Handtüchern darin«, werde ich informiert. Dankend antworte ich, dass ich sie nicht mehr benötige. Die Wäsche hat sechs Jahre Emigration hinter sich – sie wäre bestimmt keine Reise nach Italien wert, die ich mir außerdem ohnehin nicht leisten kann.

»Verdacht auf Kinderlähmung«, sagt der Arzt, der meine heiße Stirn befühlt, und Frau Schnabl wird panisch. »Das ist hochansteckend!«, drückt sie ihren Sohn an sich. Mitte September 1945 werde ich ins Krankenhaus eingeliefert. »Nein«, sagen die Mediziner im Spital, »das ist Tuberkulose.« Seltsam, denke ich, dass man das während all der Untersuchungen in Quarantäne nicht festgestellt hat. Anscheinend habe ich so viel Wasser in der Lunge, dass mein Herz sich quergestellt hat. Über vier Monate, bis Anfang Februar 1946, bleibe ich im Krankenhaus. Bis Ende Dezember wird mir eine Liegekur verordnet: Durchgehend liege ich flach und ohne Polster auf dem Rücken. Ich strecke die Arme in die Luft und lese ein Buch nach dem anderen. Freundlicherweise holt mir der Sohn meiner Bettnachbarin regelmäßig Lesestoff in deutscher Sprache aus der Krankenhausbibliothek. Alles, was deutsch ist und mir in die Hände kommt, verschlinge ich. Am meisten freue ich mich über Romane. »Vom Winde verweht« habe ich etwa während meiner Zeit im Spital gelesen, das weiß ich noch. Ab und zu drücke ich dem Sohn meiner Zimmergenossin außerdem eine Krone in die Hand, und er kauft mir einen Sack Orangen. Frau Schnabl schreibt mir und borgt mir Geld. Besuchen traut sie sich mich nicht.

Mein Schwedisch wird besser. Die fünf Frauen, die sich das Zimmer mit mir teilen, versuchen jeden Tag, sich ein wenig mit mir zu unterhalten. Der Einzige, der Deutsch kann, ist einer der Ärzte. Immer kommt er zu Beginn und am Ende seines Dienstes bei mir vorbei. »Ich habe etwas für dich«, kündigt er mir zu Weihnachten im Jahr 1945 an. Im ersten Moment denke ich, es sei etwas passiert. Der Arzt beginnt zu lachen. »Ab heute darfst du leicht schräg im Bett sitzen«, sagt er und überreicht mir feierlich einen Polster. Von nun an geht es gesundheitlich stetig bergauf.

Freudig bringt mir eine Krankenschwester eines Tages ein kleines Päckchen. »Post«, sagt sie, »aus Italien.« Neugierig öffne ich die Schachtel. Noch einmal aus Italien? Was kann das sein? Einen Augenblick später ist die Schachtel wieder zu, und mir schießen Tränen in die Augen. Ich vergrabe das Päckchen am Fußende, ziehe mir die Decke über den Kopf und bekomme einen richtigen Weinkrampf. Erst heule ich leise, dann immer lauter und schließlich so sehr, dass es mich am ganzen Körper schüttelt. Meine Zimmergenossinnen blicken ratlos auf die bebende weiße Bettdecke. »Was hat sie denn?«, kann ich die Damen flüstern hören. Als ich mich nicht beruhige, rufen sie nach der Schwester. Die Schwedin zieht mir die Tuchent vom Kopf. »Was ist denn passiert?«, scheint sie mich zu fragen. Mein Schwedisch reicht nicht aus, um ihr zu antworten. Als Nächstes eilt der deutschsprachige Arzt herbei. »Was ist los?«, will er wissen. Sie alle dachten, das Päckchen würde ein kleines Geschenk enthalten – Kuchen vielleicht oder Kekse. Unzusammenhängende Laute dringen aus meinem Mund. Ich bin in einem Zustand, in dem ich nicht mehr sprechen kann. Der Arzt gibt der Schwester ein Zeichen, greift nach meinem Arm und spritzt mir ein Beruhigungsmittel. Wenig später bin ich eingeschlafen.

Am Tag nach meinem Nervenzusammenbruch kommt der Doktor zurück an mein Bett. »Möchtest du mir sagen, was in der Schachtel ist?«, fragt er mich. Diesmal kann ich die Kraft dazu aufbringen. »Das Päckchen ist aus Caprino«, sage ich, »dort habe ich zuletzt mit meiner Familie gelebt.« Langsam öffne ich die Box und nehme erstmals eines der Fotos heraus, die darin liegen.

Nachdem wir im März 1944 in Caprino von deutschen Soldaten auf einem Lastwagen nach Fossoli deportiert worden waren, muss irgendjemand unsere Wohnung geräumt haben. Später fand unsere Vermieterin eine Schuhschachtel im Müll. Sie entdeckte unsere Familienfotos darin, nahm sie an sich und bewahrte sie für uns auf. Ich weiß nicht, woher die Frau aus Caprino meine Adresse in einem schwedischen Spital wusste. Vielleicht habe ich nicht nur vor, sondern auch während meines Spitalsaufenthalts mit Italien korrespondiert – für den Fall, dass mein Vater sich melden sollte. Oder Frau Schnabl hat mir das Päckchen weitergeschickt.

Immer wieder nehme ich ein Bild heraus, nur um es im nächsten Augenblick wieder wegzustecken. Bis heute sind diese Fotos die einzigen Erinnerungsstücke, die ich von meiner Familie besitze. Mein Vater, gebräunt, mit Zigarette im Mund und kurzärmelig auf einer Bank vor einem Salatfeld in Ljubljana. Lumpi schlingt ihm von hinten seine Arme um den Hals. Heinzi und ich legen dem Papa von hinten je eine Hand auf die Schulter. Mama als junge Frau mit Heinzi und mir in Schönbrunn, lächelnd in schwarzem Kleid und weißer Bluse. Meine Eltern in Anzug und geblümtem Kleid auf einem Balkon in Zagreb. Ich als Neugeborenes in weißer Spitze in den Armen meiner Mutter. Meine Mama auf einem Weinberg, mit erhobenem Zeigefinger neben einem verschmitzt grinsenden Lumpi und Heinzi in weißen Kniestrümpfen.

Es ist ein Babyfoto meines Vaters darunter, Fotos meiner Mutter als noch unverheirateter Frau, Aufnahmen aus Wien und Bilder aus der Zeit der Emigration. Das letzte Foto, das von meiner Familie aufgenommen wurde, stammt von 1943 und ist links oben etwas verschmutzt. Es zeigt uns drei Kinder mit unserer Mutter in Caprino. Wir stehen sommerlich bekleidet dicht nebeneinander auf einem gepflasterten Platz vor einem Brunnen.

Das letzte Familienfoto, Caprino 1943

Ein Familienfoto aus dem Jahr 1939 trage ich neben einem Foto meiner Tochter und eines Bildes meines verstorbenen Mannes bis heute in meiner Brieftasche. Darauf sind meine Eltern und wir Kinder gemeinsam abgebildet. Wir blicken ernst und direkt in die Kamera. Ich stehe in der Mitte. Der Rest der Fotos ist seit Jahrzehnten in meinem Kasten verstaut. »Such du bitte ein paar heraus und behalt sie dann gleich«, habe ich zu meiner Tochter gesagt, als es darum ging, Fotos für dieses Buch auszuwählen. Nach wie vor fällt es mir schwer, die Bilder anzusehen.

Auch mein Poesiealbum besitze ich dank jener Frau aus Caprino bis zum heutigen Tag. Auch dieses hat sie neben den Fotos im Abfall gefunden. Heinzis perfekte Handschrift sticht einem ins Auge und mit all dem Erlebten im Gedächtnis erneut die erste Zeile meines Vaters: »Halt hoch den Kopf, was dir auch droht, und werde nie zum Knechte.«

Im Februar 1946 bin ich so weit genesen, dass ich aus dem Krankenhaus entlassen werden kann. Per Bahn schickt man mich in ein Erholungsheim. Es geht nach Falun, eine Stadt, die im Landesinneren von Schweden an einem großen See liegt.

Ich weiß noch, dass sogar ein Lastwagen über das zugefrorene Wasser fahren konnte. Fast ein halbes Jahr verbringe ich in diesem Heim im Wald, in dem lauter ehemalige KZ-Insassen – Männer wie Frauen, Alte wie Junge – mit mir untergebracht sind. Wir spazieren zum Kuchenessen ins Stadtzentrum, lösen Rätselaufgaben und spielen Theater. Ich habe in Erinnerung, dass ich in einem Stück als Tänzerin aufgetreten bin. Ein Pessachfest wird für die vielen jüdischen Befreiten organisiert, und regelmäßig werden Tanzabende veranstaltet. Der Arzt sitzt daneben und winkt mich zwischen den Musikstücken zu sich. Er misst mir den Puls. »Ein biss-chen kannst du noch weitertanzen«, sagt er dann, oder, »für heute ist es genug.« Da ich noch nicht völlig gesund bin, werde ich im Erholungsheim weiter medizinisch betreut. Ich beginne einen Englischkurs, doch die anderen Kursteilneh-mer sind so schwer von Begriff, dass mir langweilig wird. Wieder bitte ich einen unserer Betreuer, ob ich nicht irgend-eine Aufgabe übernehmen könnte. So werde ich Briefträge-rin: Täglich marschiere ich durch den Wald in die Stadt, trage Briefe des Heims zum Postamt und nehme neu angekom-mene mit zurück.

In Falun gibt es viele Mädchen und Burschen in meinem Alter. Wir sind lebenshungrig und übermütig, verbringen diese Zeit fast wie im Rausch. Niemand spricht dort über das, was war. Wir wollen vergessen, was hinter uns liegt.

Eines Tages besucht uns eine Delegation aus Palästina. Sie bietet uns an auszuwandern, um dort in einem Kibbuz zu arbeiten. Wir sollen den Staat Schweden um finanzielle Un-terstützung bitten und uns Nähmaschinen kaufen, heißt es. In Palästina könnten wir dann mit Näharbeiten Geld für uns und den Kibbuz verdienen. Ich lehne sofort ab. Wieder soll ich in einem Lager leben? Niemals! Einige andere, die mit mir im Erholungsheim untergebracht sind, entschließen sich zu fahren. Sie sind wie ich ganz allein oder wollen nicht zu-rück in ihre Heimatorte, in denen sie während des Krieges angefeindet wurden.

»Wir bauen uns unser eigenes Haus«, scherze ich mit zwei meiner Heim-Kolleginnen. Bei einer wurden Gallen-steine diagnostiziert, die andere leidet an einer Verkalkung der Niere, und ich selbst bin wegen des Wassers in meiner Lunge nach wie vor unter Beobachtung. »Die Materialien haben wir schon alle beisammen«, machen wir uns lustig, »Steine, Kalk und Wasser.«

Ich denke, es war eine Rot-Kreuz-Schwester. Ich glaube, es muss nach dem Krankenhaus und noch in Falun gewesen sein. Ich weiß nicht mehr, wann und von wem genau ich erfahren habe, dass mein Vater nicht mehr lebt.

In den vielen Monaten ohne ein Lebenszeichen ist meine Hoffnung immer mehr geschwunden. Plötzlich Bescheid zu wissen fühlt sich trotzdem an, als würde ich meinen Papa noch ein zweites Mal verlieren. Jemand vom Roten Kreuz erzählt mir, was man herausgefunden hat: Mein Vater sei von Auschwitz ins weiter nördlich gelegene Lager Sosnowitz verlegt worden. Er habe Auschwitz nachweisbar verlassen. In Sosnowitz sei er jedoch nie angekommen. Das heißt für mich, dass der Papa irgendwo in einem polnischen Straßengraben liegt. Vielleicht hat sich jemand ein Herz gefasst und ihn verscharrt. Vielleicht haben ihn die Wölfe gefressen.

Bilder gehen mir durch den Kopf. Mein Vater, wie er auf dem Weg zusammenbricht. Mein Vater, wie er die Bewachung vor Wut und Verzweiflung beschimpft. Ich kenne die Vorgehensweise der SS. Beide Fälle haben mit Sicherheit dazu geführt, dass er erschossen wurde.

Bis heute habe ich zum Tod meines Vaters nichts in der Hand als diese mündliche Überlieferung.

Ein Leben gemeinsam mit meinem Papa – von dieser Vorstellung, die mir im KZ immer wieder ein Antrieb gewesen ist, muss ich mich gut ein Jahr nach Kriegsende endgültig verabschieden. Ich bin die Einzige aus meiner Familie, die nicht ermordet wurde. Ich muss es schaffen, allein weiterzuleben.

Im August 1946 geht meine Zeit im Erholungsheim in Falun zu Ende. Danach muss ich zusehen, dass ich auf eigenen Beinen stehe. Zu Frau Schnabl möchte ich nicht zurück. Zwar sind wir nicht böse miteinander, doch sie um Unterschlupf zu bitten kommt für mich nicht mehr in Frage.

Eine meiner Bettnachbarinnen im Krankenhaus, eine ältere Frau, hatte mir zum Abschied ihre Adresse in die Hand gedrückt. Sie habe ein Zimmer in einem Vorort von Stockholm zu vermieten. Ich solle mich melden, falls ich es benötige. Für kurze Zeit bringt mich das Rote Kreuz in der schwedischen Hauptstadt in einer Pension unter, bevor ich tatsächlich ein Mansardenzimmer bei meiner Krankenhausgenossin und ihrem Ehemann anmiete. So gut es geht, meide ich den alten Mann. Er erfreut sich an meiner Jugend und will mich jedes Mal tätscheln, wenn er mich sieht.

Ich habe das Glück, dass die Handtaschenfabrik mich wieder einstellt. Bevor ich krank wurde, hatte ich in der Produktion gearbeitet. Nun ist mein Schwedisch viel besser, und ich werde für Büroarbeit eingeteilt. Ich muss hauptsächlich rechnen, so fallen meine Sprachkenntnisse ohnehin nicht weiter ins Gewicht. Da ich sehr wenig verdiene, lebe ich äußerst sparsam. Ich koche auf einem Spirituskocher in meinem Zimmer. Ab und zu genehmige ich mir einen Besuch in einer Kochschule. Die Schülerinnen stellen feine Gerichte her, für die man nur eine Krone bezahlt. Ich gehe in Stockholm aus, verbringe nette Abende mit meinen Kollegen und habe ab dem Herbst 1946 zum ersten Mal seit Jahren einen ziemlich normalen Alltag. Bis auf die Tatsache, dass ich im Leben ganz auf mich allein gestellt bin. Schmerzlich fehlt mir Familienanschluss.

Zu Weihnachten erreicht mein Gefühlszustand einen

Tiefpunkt. Mutterseelenallein sitze ich in meiner Kammer im Haus des alten Ehepaars und bin todunglücklich. Ohne Christbaum, ohne Geschenke, ohne Besuch. Ich hole Stift und Papier hervor und schreibe einen Brief an meine Tante. Elsa, eine der Schwestern meines Vaters, hatte ich schon kurz nach meiner Befreiung kontaktiert. Sie ist mit einem »Arier« verheiratet und lebt nach wie vor in Wien. Jener Brief, den ich zu Weihnachten im Jahr 1946 an sie verfasse, muss sehr traurig gewesen sein. Ohne es zu wollen, habe ich ihr wohl schriftlich mein Herz ausgeschüttet. Einen Tag später bereue ich es bereits. »Komm zu uns nach Wien«, schreibt Tante Elsa zurück, »die Nachkriegszeit ist zwar sehr zu spüren, und wir haben nicht viel, aber mein Mann und ich, wir nehmen dich gerne bei uns auf.«

Soll ich nach Wien zurückgehen? Ich fahre ins Stockholmer Stadtzentrum zu Bruno Kreisky.

»Bist du denn ganz verrückt! Nach Wien willst du?« Kreisky schlägt die Hände über dem Kopf zusammen. Mittlerweile hat die Republik Österreich in Schweden wieder eine offizielle Vertretung, und er ist für die österreichische Gesandtschaft tätig.

»Bleib in Stockholm«, sagt er, »in Österreich hungern sie, die haben kaum erst den Krieg überstanden. Dort kriegst du nicht einmal Butter oder Zucker.«

»Das bekomme ich hier auch nicht«, antworte ich, »ich kann es mir nicht leisten.« Immer, wenn ich große Entscheidungen treffen muss, fehlen mir meine Eltern ganz besonders. Niemand ist da, den ich um Rat fragen könnte. Ich beschließe, auf den Zufall zu vertrauen. »Könnten Sie alle nötigen Papiere für mich für die Ausreise organisieren?«, frage ich Kreisky. Er nickt. »Gut«, sage ich, »dann setze ich mir eine Frist. Am 1. April macht der Narr, was er will. Sind die Papiere bis zum 1. April eingelangt, fahre ich nach Wien. Sind sie nicht da, bleibe ich in Schweden.« Kreisky lacht herzlich. »Du hast einen Klopfer. Aber die Idee gefällt mir. Ich bin einverstanden.«

Am 31. März 1947 ruft Bruno Kreisky mich an. »Gerti, ich habe all deine Dokumente beisammen.« Damit ist es entschieden. Ich kündige in der Fabrik. Ich fahre heim nach Wien.

Es läutet. »Ich geh schon«, sage ich und drücke den Türöffner. Der Lieferservice-Mitarbeiter von Frau Pressburgers Lieblingsitaliener hält mich bestimmt schon für Inventar. Ich nehme zwei dampfende Aluschüsseln entgegen. Dann öffne ich die dünne Schublade im Wohnzimmerschrank und lege zwei gerippte Stoffunterlagen auf den Tisch. Frau Pressburger holt Teller und Besteck. »Jetzt kennst du dich ja schon aus bei mir«, sagt sie. Nach Auschwitz sind wir beim Du angelangt.

Frau Pressburger wickelt ihre Spaghetti al Stefano mit der Gabel auf. »Buongiorno«, hat sie den Lieferdienst beim Bestellen am Telefon begrüßt. Ob sie aus ihrer Zeit in Caprino noch gut Italienisch könne, bin ich neugierig. Sie lacht. Sprachen sind ihr immer leichtgefallen. »Tatsächlich kann ich Italienisch noch ganz gut. Anscheinend klinge ich sogar wie eine Einheimische.« In einem Sommerurlaub mit ihrer Tochter habe sie in Venedig kurz nach Ladenschluss noch Schinken kaufen wollen. »Stranieri? Sind das Ausländer?«, rief der Chef seinem Verkäufer aus dem Lagerraum zu. »No, no«, beruhigte ihn sein Mitarbeiter von der Theke aus, »das sind Italiener.« Als »Italienerin« habe sie ihren Schinken auch nach Geschäftsschluss noch bekommen. »Erstaunlicherweise kann ich mich sogar auch auf Schwedisch noch verständigen«, sagt Frau Pressburger, »in einem Salzburger Kaffeehaus habe ich mich vor nicht allzu langer Zeit mit schwedischen Touristen unterhalten.«

Ich nehme mir noch eine Portion Gnocchi und öffne eine Flasche Mineralwasser. Ob es damals die richtige Entscheidung war, wieder nach Österreich zu kommen, frage ich.

»Ich habe mich oft gefragt, ob ich nicht in Schweden bleiben hätte sollen«, sagt Frau Pressburger, »Wien war mir sehr fremd, als ich zurückkam. Es war nicht einfach.«

Ich sitze direkt hinter dem Chauffeur. Hoffentlich wird mir nicht schlecht, denke ich, und schaue konzentriert aus dem Busfenster. Eine Reiseleiterin an Bord kümmert sich sehr aufmerksam um mich. Sobald mir übel wird, darf ich mich in eine kleine Kabine legen, die normalerweise dem Fahrer für Ruhepausen vorbehalten ist. Über Dänemark nimmt unser Bus Kurs auf Hamburg. Eine Nacht verbringen wir in der zerbombten Stadt, bevor es über die Bundesstraße weiter bis München geht. »Ich will allein in ein Zimmer«, bitte ich. Nie mehr im Leben möchte ich mir mit fremden Personen ein Bett teilen müssen. Tatsächlich bekomme ich ein Doppelzimmer ganz für mich. Ich kuschle mich in das große Bauernbett und komme mir unter der riesigen Decke vor, als würde ich auf Wolken liegen.

Die österreichische Gesandtschaft in Schweden bezahlt meine Reisekosten. Bruno Kreisky hat mir außerdem einen Pass verschafft und sich vor der Abfahrt um sämtliche Visa gekümmert. Für Dänemark, für Deutschland, auch für Österreich benötige ich eines – selbst um innerhalb des Landes von der amerikanischen in die russische Besatzungszone zu dürfen, brauche ich eine Genehmigung.

Zuletzt drückte Kreisky mir noch ein Wieder-Einreisevisum für Schweden in die Hand. »Falls du doch wieder wegwillst aus Wien, kannst du in den nächsten sechs Monaten zurückkommen.«

Jahrzehnte vergehen, bevor ich Bruno Kreisky in den 1970ern in Wien bei einer Veranstaltung zufällig wiederbegegne. Zu diesem Zeitpunkt ist er bereits Regierungschef. »Herr Bundeskanzler, ich wollte Sie nur kurz begrüßen«, spreche ich ihn an, »wir kennen uns aus Schweden.« Kreisky dreht sich zu mir um. »Ja, grüß dich, Gerti! Mädel, wie geht

Gerti, 1947

es dir denn?« Mädel bin ich zu diesem Zeitpunkt schon lang keines mehr. Seine Worte aber freuen mich sehr. Dass jemand, der so viele Leute kennt, sich noch an mich erinnert. Dass er nach so vielen Jahren noch weiß, wer ich bin!

Jene Fahrt, die ich Anfang Mai 1947 mit dem Bus von Malmö nach Wien zurücklege, dauert insgesamt drei Tage. Zuvor war ich bereits mit dem Zug von Stockholm an unseren Abfahrtsort gereist. Viele Studenten sind unter den Fahrgästen und sogar erste Wien-Touristen. Ich bin die einzige Österreicherin. Die einzige Heimkehrerin. Nach unserer Nacht in München erreichen wir am nächsten Tag Linz. Als wir die Demarkationslinie überqueren wollen, machen die Russen gerade Mittagspause. Sie lassen uns warten, kontrollieren irgendwann mit strengem Blick unsere Papiere und gewähren uns die Einreise. Einige Stunden später erreichen wir Wien. Der Fahrer hält in der Nähe des Palais Liechtenstein. Knapp neun Jahre ist es zu diesem Zeitpunkt her, dass ich meine Heimatstadt 1938 als Elfjährige verlassen musste. Nun, da ich zurückkomme, bin ich fast zwanzig. Ob ich meine Tante überhaupt noch erkenne?

Während sich der Bus rasch leert, bleibe ich auf meinem Platz sitzen. Ich beobachte, wie die schwedischen Studenten ihr Gepäck holen. Ich warte, bis das Gewusel vor dem Fahrzeug etwas weniger wird. Wie sieht Tante Elsa aus? Am besten, ich verlasse den Bus erst, wenn alle anderen weg sind, denke ich. Die, die dann noch da sind und sich suchend umschauen, müssen meine Tante und ihr Mann sein. Ein mager und sehr arm aussehendes Ehepaar bleibt auf dem Gehsteig zurück. Grau erstreckt sich die Stadt in Schutt und Asche rund um sie. »Ich glaube, ich will doch wieder nach Schweden«, sage ich zur Reiseleiterin. Die Frau schaut mich freundlich an: »Wir bleiben drei Tage in Wien. Du kannst danach gerne wieder mit uns mitfahren.« »Auch, wenn ich das Rückfahrticket nicht bezahlen kann?«, frage ich. Die Frau nickt: »Das spielt keine Rolle. Wir nehmen dich auch ohne Fahrkarte mit.«

Ich steige aus, lade meinen Koffer aus dem Bus und gehe auf meine Tante zu. Sehr zurückhaltend begrüßen wir einander. Auch für Tante und Onkel muss die Situation seltsam sein. Sie kennen mich kaum mehr. Gemeinsam steigen wir in die Straßenbahn. Mit den Linien 5 und 49 fahren wir bis in den fünfzehnten Wiener Gemeindebezirk. Die Häuser links und rechts sind zerbombt. Die Tramway ist bis auf den letzten Winkel mit Leuten vollgestopft. Das soll Wien sein? Ich sehe mich um und bin entsetzt.

Wir erreichen die Wohnung, und meine Tante öffnet die Tür. Zögerlich stelle ich meinen Koffer ab. Ich weiß nicht, ob ich es schaffen werde, in Wien zu leben, denke ich. Der Kontrast zum sauberen ordentlichen Stockholm ist extrem. Da entdecke ich auf einem Tischchen im Vorzimmer einen Gugelhupf. Ein Plakat hängt darüber. »Herzlich willkommen« hat meine Tante draufgeschrieben. Vor Rührung fange ich zu heulen an. Auch meine Tante beginnt zu weinen. Tante und Onkel umarmen mich. »Wir sind so froh, dass du da bist und dass du lebst«, sagen sie. Und ich beschließe zu bleiben.

7. KAPITEL

WIEN, DAS FEINDESLAND

Lieber das zerstörte Wien als ein Leben in der Fremde, denke ich. Als ich das Willkommensplakat meiner Tante sehe, spüre ich, wie sehr ich Herzlichkeit und Nähe in Schweden vermisst habe. Obwohl die Leute freundlich waren, hatte ich in Stockholm oft das Gefühl, nicht dazuzugehören.

Anfangs kenne ich mich in Wien überhaupt nicht aus. Selbst mein Deutsch klingt nicht wie das einer Wienerin. »Wie viel sind tausend Schilling wert? Ist das viel oder wenig?«, frage ich meinen Onkel, als ich während der ersten Zeit einmal mit ihm in der Straßenbahn unterwegs bin. Vor unserer Flucht hatte ich schließlich nie selbst über Geld verfügt. Ein fremder Mann steht neben uns, lächelt und kann sich ob meiner Frage und Sprechweise einen Kommentar nicht verkneifen: »Tja, so ist das. Wenn man aus dem Ausland kommt, kennt man sich halt in Österreich nicht aus.« Mein Vater hatte stets von uns verlangt, Hochdeutsch zu sprechen. Durch die vielen Jahre der Flucht aber scheine ich wie eine Ausländerin zu klingen, die erst in der Schule Deutsch gelernt hat. »Du sprichst aber komisch«, sagt der Mann einer Freundin eines Tages zu mir. Es wird einige Jahre dauern, bis ich mir den Wiener Dialekt erfolgreich angeeignet habe.

Heimatliche Gefühle weckt Wien überhaupt keine in mir. Außer meinem Schulausflug in die Oper und dem Christkindlmarkt-Besuch mit meinem Vater hatte ich mich als Kind nie im Stadtzentrum bewegt. Während der Jahre der

Emigration war Heimat für mich stets dort, wo meine Familie war. Da ich keinerlei Orientierung habe, müssen Tante und Onkel mich zu Beginn überallhin begleiten. Ich weiß noch, wie Tante Elsa nach meiner Ankunft mit mir von Amt zu Amt marschiert. Ich muss verschiedenste Dokumente beantragen.

Jüdische Heimkehrer wie ich sind ungern gesehen. Widerwillig händigen mir ehemalige Nazis meine Papiere aus. Mit der Zigarette in der Hand sitzt einer der Beamten im Rathaus in seinem Sessel und blickt mich arrogant an. »Ihren Familiennamen bitte«, sagt er in herablassend gelangweiltem Ton. »Pressburger«, diktiere ich ihm. Er legt die Zigarette im Zeitlupentempo zur Seite, greift nach einem Bleistift und notiert meinen Nachnamen. Dann führt er seine Zigarette erneut zum Mund und nimmt einen weiteren Zug. Genüsslich bläst er den Rauch in meine Richtung. »Ihren Vornamen bitte«, sagt er, legt die Zigarette wieder zur Seite und nimmt den Bleistift in die Hand. »Geburtsdatum?« Zigarette weg, Bleistift her, Zigarette weg. »Geburtsort?« Die Prozedur wiederholt sich, bis mir der Geduldsfaden reißt. »Entweder Sie machen eine Rauchpause – oder ich bin bei Ihrem Vorgesetzten. Das lasse ich mir nicht bieten!« Der Mann schaut mich an. »Na, na, na. In Ihrem Alter tät' ich aber ruhig sein.« Wut steigt in mir hoch. »Nein«, sage ich, »ich bin hier, weil ich etwas brauche. Und Sie sind hier, weil Sie dafür zuständig sind. Und jetzt flott!« Ein wenig bin ich selbst erstaunt über meine selbstbewussten Worte. Der Beamte hört auf zu rauchen, schweigt und stellt mir ohne weiteren Kommentar meinen Staatsbürgerschaftsnachweis aus.

Ich beantrage auf dem Wohnungsamt sogenannte »Punkte«, um eine eigene Wohnung zu bekommen. Damals wird der Anspruch der Bewerber auf ein Quartier mithilfe eines Punktesystems bewertet. »Haben Sie vor dem Krieg eine Wohnung in Wien gehabt?«, fragt mich der Beamte. »Freilich haben wir eine gehabt«, sage ich und erzähle von unserem Zuhause in der Wehlistraße. Der Mann unterbricht mich. »Nein, nein. Ich habe nicht nach ›wir‹ gefragt. Haben ›Sie‹ eine gehabt?« Ich schaue ihn ungläubig an. »Ich war elf Jahre alt. Ich habe natürlich bei meinen Eltern gewohnt.« Der Beamte verzieht keine Miene: »Sie haben also nie eine Wohnung gehabt. Somit haben Sie jetzt auch keinen Anspruch darauf.« Das gibt es doch nicht, denke ich. »Aber ich bin doch Erbin meiner Eltern«, wende ich ein. Der Beamte lächelt spöttisch. »Wer weiß, ob die nicht längst in Amerika sind und dort ein schönes Leben führen! Und Sie wollen von mir eine Wohnung? Sie bekommen keine Punkte.«

Nur der Beamte am Arbeitsamt ist freundlich. Nach meiner Ankunft fange ich an, Kurse zu belegen, um meine fehlende Schulbildung nachzuholen. »Machen Sie doch gleich eine Prüfung bei uns«, sagt der Mann, »dann brauchen Sie diese Zeugnisse nicht.« Ich erledige den Test und erhalte umgehend meine Arbeitsbewilligung. Der Beamte stuft mich in Berufsgruppe 3 ein: »selbständige Tätigkeit«. »Sie haben genug erlebt«, sagt er, »diese Berufsgruppe steht Ihnen zu.«

Bald nach meiner Rückkehr schreibt mir ein Bekannter aus Schweden, dass er in Wien sei. Er nimmt an einem Kongress in der Stadt teil und lädt mich ein, ihn zu begleiten. Ich lerne dort eine schwarze amerikanische Soldatin kennen, mit der ich mich auf Anhieb gut verstehe. »Wollen wir später noch etwas trinken gehen?«, frage ich sie. Wir machen uns auf den Weg in ein nahe gelegenes Kaffeehaus. Noch bevor wir das Café betreten können, kommt der Besitzer uns entgegen. »Neger sind bei uns nicht willkommen«, sagt er. Ich kann spüren, wie mein Puls sich beschleunigt. »Haben Sie vor ein paar Jahren noch gesagt, ›Juden sind nicht willkommen‹? Haben Sie das nun auf ›Neger‹ umgeändert?! Die Zeiten sind vorbei!«, zische ich den Kaffeehausbetreiber an. »Ich will einfach keine Neger hier bei mir«, lässt der Mann sich nicht beeindrucken. »Macht nix«, sage ich, »wir haben 1947. Wenn Sie uns nicht ins Kaffeehaus lassen, rufe ich die Militärpolizei und melde Sie. Dann schauen wir, wo Sie landen werden.« Plötzlich wird der Herr sehr freundlich. »Bitteschön, kommen Sie doch herein! Darf ich Sie auf einen Kaffee einladen?« »Ich will nichts geschenkt. Ich möchte das, was ich bestelle, bekommen und bezahlen«, antworte ich. Der Mann erwidert nichts mehr. Über zwei Stunden sitze ich mit der schwarzen Frau bei Kaffee und Kuchen. Ich bin nicht nach Wien zurückgekommen, um mich wieder unterdrücken zu lassen. Ich schwöre mir, mir nichts mehr gefallen zu lassen. Ich kämpfe mit meinem Mundwerk.

Tante Elsa und Onkel Pepi leben zum Zeitpunkt meiner Ankunft in einem Notapartment. Ihre ursprüngliche Wohnung wurde bei einem Bombenangriff zerstört. Ich kann im Kabinett schlafen. Es ist der Beginn eines jahrelangen, oft schwierigen Zusammenlebens.

Als Kind hatte ich wenig mit Tante Elsa zu tun. Sie zählt zu den älteren Schwestern meines Vaters, die ich als arrogant in Erinnerung habe. Sie zählt zu jenen Schwestern, die meinen Papa daran hindern wollten, meine Mama zu heiraten.

Mein Vater war das jüngste Kind von insgesamt zwölf Geschwistern. Sieben Kinder hatte der Großvater aus erster Ehe mitgebracht. Fünf Nachkommen, darunter Elsa und meinen Papa, hatte er in zweiter Ehe mit meiner Großmutter. Als ich im Jahr 1947 nach Wien zurückkehre, ist außer Tante Elsa nur noch ein Bruder meines Vaters am Leben. Neun Geschwister meines Vaters wurden von den Nazis ermordet – auch Onkel Hiro, der uns 1938 zum Südbahnhof gebracht hatte. Der zehnte Bruder starb zu Kriegsende eines natürlichen Todes, nachdem er zuvor seine Söhne im KZ verloren hatte.

Siegfried, jener Cousin meines Vaters, den ich schon als Kind heiß geliebt habe, lebt noch. Ebenso zwei Kinder von Tante Gisela, die beide nach England ausgewandert sind – meine Cousine bereits zu Kriegsbeginn mit einem Kindertransport, mein Cousin, nachdem er das KZ überlebt hatte.

Auch Tante Resi, die Schwester meiner Mutter, hat den Krieg mitsamt ihren zwölf Kindern überlebt. Da ihr Mann »Arier« ist, war ihre Familie geschützt. Zudem wurde Tante Resis Kinderreichtum von den Nazis geschätzt – auch wenn sie aufgrund ihrer jüdischen Wurzeln kein Mutterkreuz erhielt. Zusätzlich konnte Mamas Schwester zu ihrem Schutz belegen, dass sie angeblich einen anderen Vater als meine Mutter hatte und dass dieser »Arier« gewesen sei. Als ich die Familie nach meiner Rückkehr besuche, kann sich nur das älteste Kind von Resi noch an mich erinnern. Alle anderen waren zu klein, als wir flüchteten. Für sie bin ich eine Fremde.

Ich fange nicht an, nach meinen alten Volksschulfreunden in der Stadt zu suchen. Ich kehre nicht zurück an die Orte, an denen ich mit meinen Eltern gelebt habe. Ich versuche nicht, herauszufinden, ob Lily aus Schweden ebenfalls wieder nach Wien zurückgekommen ist. Du hast überlebt, also lebe, sage ich mir. Alle Kraft, die ich brauche, muss ich aus mir selbst schöpfen.

Ein »KZ-Verband« organisiert Treffen für ehemalige Insassen wie mich. Vielleicht unterstützt man einander dort mental, denke ich. Vielleicht knüpfe ich dort neue Freundschaften oder erhalte Tipps, wie man nun am besten weitermacht. Ich beschließe, es mir anzusehen. Vorträge werden gehalten, und andere Überlebende erzählen von ihrem Schicksal. Die Teilnehmer weinen und versinken beim Reden über das Geschehene in Selbstmitleid. Nach ein oder zwei Treffen habe ich genug. Ja, das hat jeder von uns erlebt, denke ich. Aber ich möchte jetzt ein normales Leben führen!

Sobald ich meine Arbeitsbewilligung erhalte, beginne ich, einer Beschäftigung nachzugehen. Erst schreibe ich Lieferscheine und Rechnungen für einen Herrn, der mit gedruckten Heiligenbildern handelt. Schon in den ersten Tagen bedrängt mein neuer Arbeitgeber mich. »Annäherungsversuche brauchen wir nicht«, erklärt ihm mein Onkel, »ich kündige für meine Nichte.« Dann wird mir vom Arbeitsamt ein Posten bei der österreichisch-alliierten Zensurbehörde vermittelt. Aufgrund meiner vielseitigen Sprachkenntnisse werde ich für geeignet befunden. Mit meinen Kollegen sitze ich im Hauptpostgebäude in der Innenstadt vor großen Säcken voller Briefe. Jegliche private Post, die nach oder aus Österreich verschickt wird, muss von uns geöffnet werden. Steht etwas darin, das gegen die Besatzungsmächte geht, muss es geschwärzt oder – falls der Text zu lang ist – herausgeschnitten werden. Sätze wie »Meine Tochter ist von einem Russen vergewaltigt worden« werden zensiert. Danach wird ein Brief zugeklebt, gestempelt und darf zugestellt werden. Es ist keine ungefährliche Tätigkeit. Eine meiner Kolleginnen kontrolliert eines Tages ein Schreiben, das nur von gesundheitlichen Wehwehchen zu handeln scheint. »Ach, was schreibt denn diese Frau für einen Blödsinn«, sagt sie, »Stempel drauf!« Sie übersieht den allerletzten Satz: »Wir haben nichts mehr. Die Russen haben uns unser letztes Vieh weggenommen.« Unsere Vorgesetzten glauben ihr damals, dass ihr Vergehen ein Versehen war. Passiert so etwas ein zweites Mal, wird man eingesperrt.

Zum Glück habe ich eine sehr leserliche Schrift. So besteht meine Hauptaufgabe schon bald nicht mehr darin, Briefe durchzukämmen. Ich muss Namenslisten geschützter Personen anlegen: Briefe von Diplomaten etwa dürfen nicht geöffnet werden. Jede Abteilung erhält eine meiner Listen, um überprüfen zu können, welche Schreiben geschlossen bleiben müssen. Vier Jahre arbeite ich für die Zensurstelle. Dann wird sie aufgelassen, und ich muss mir etwas Neues suchen.

Als ich ein Kind war, war Nonne mein Berufswunsch. Später wäre ich gern Lehrerin geworden. Ich liebe Kinder. Doch eine Lehrerin ohne Schulabschluss? Ich weiß, dass ich gar nicht weiter darüber nachzudenken brauche.

»Was haben Sie da für eine Nummer?«, spricht mich ein Fremder Anfang der 1950er Jahre in der Straßenbahn an. Es ist Sommer, und ich halte mich an einer der Schlaufen fest, die von der Decke des Waggons hängen. Schon länger schaut der Herr ununterbrochen zu mir herüber. Nun weiß ich, dass seine Blicke meinem entblößten Unterarm gelten. 76831. Auch wenn ich sie selbst kaum mehr wahrnehme – meine Häftlingszahl prangt nach wie vor gut sichtbar darauf. »Meine Telefonnummer«, antworte ich patzig, drehe mich um und steige aus. Vielleicht wäre es klüger gewesen, die Wahrheit zu sagen. In diesem Moment aber kann ich es nicht. Auch wenn ich freiwillig zurückgekommen bin: Wien ist nach wie vor Feindesland für mich. Ich weiß, dass man in Wien nicht übers KZ reden kann. Ich bin nicht fähig, öffentlich in der Straßenbahn zu erzählen, dass ich in Auschwitz war. An diesem Tag beschließe ich, mir meine Nummer entfernen zu lassen.

Mittlerweile bin ich mit Tante und Onkel aus deren Notquartier weggezogen. Irgendwann sprach mir das Wohnungsamt doch noch einige Punkte zu: So hatte meine Tante jene Punkte zur Verfügung, die ihr als Geschädigter eines Bombenangriffs zustanden. Und sie konnte zusätzlich meine Punkte nutzen. Was ich nicht wusste, ist, dass ich dadurch jeglichen Anspruch auf eine eigene Wohnung verloren habe. Ich bin somit Hauptmieterin des Kabinetts in der neuen Wohnung. Ich bin fortan offiziell dazu gezwungen, bei meiner Tante zu leben.

Ein Arzt ist einer der Nachbarn in unserem neuen Wohnhaus. »Selbstverständlich operiere ich Ihnen die KZ-Nummer heraus«, sagt der Doktor, »das sehe ich als meine Pflicht.« Er verlangt keinen Groschen. Wir einigen uns auf einen Operationstermin, an den direkt ein paar Feiertage anschließen. »Dann heilt die Wunde während der freien Tage, und Sie können danach sofort wieder arbeiten gehen«, sagt der Mediziner. Krankschreiben kann er mich nämlich nicht. Dieser medizinische Eingriff verschafft mir damals keinen Anspruch auf Krankenstand.

Nachdem die Zensurbehörde geschlossen wurde, fand ich über einen Bekannten eine Stelle bei Herzmansky auf der Mariahilfer Straße. Kinderkleidung, Stoffe, Damenunterwäsche: Der Herzmansky war ein berühmtes großes Wiener Warenhaus. Herr Herzmansky hätte mir eigentlich eine Stelle als Privatsekretärin angeboten. Da ich mir Stenogra-

Mit Tante Elsa und Onkel Pepi, 1953

fieren jedoch nicht zutraute, fing ich am Packtisch an. Nun verpacke ich, was die Leute einkaufen.

Der Doktor operiert mir die Nummer heraus und versorgt meine Wunde mit Jod. Dann schickt er mich nach Hause. »Um Gottes willen, Sie haben wohl eine Jodallergie!«, ruft der Arzt, als ich am nächsten Morgen trotz geschlossener Ordination vor seiner Wohnungstür stehe. Die Wunde schmerzt und ist entzündet. Mein Arm ist auf die doppelte Größe angeschwollen. Zwei Wochen lang muss ich ihn nun in einer Schlinge tragen. Krankschreiben darf ich mich trotzdem nicht lassen. Pünktlich stehe ich nach den Feiertagen »einarmig« am Packtisch. »Warte, wir helfen dir«, eilen meine Kollegen herbei, wenn ich es mit einem Arm nicht schaffe, die Einkäufe der Leute schön einzupacken. Mit vielen von ihnen verstehe ich mich sehr gut. Sie wissen, dass ich mir meine Nummer entfernen ließ. Mehr wissen sie nicht.

Ich schließe Freundschaft mit zwei jungen Frauen meines Alters. Eine Freundin lerne ich kennen, als ich meine Tante noch 1947 im Spital besuche. Von da an verbringe ich viele Wochenenden bei Mia und ihrer Familie in der Steiermark. Meine zweite Freundin ist eine Arbeitskollegin, die in Wiener Neudorf lebt. Als ihr Mann einmal Nachtdienst hat, lädt sie mich zum Übernachten zu sich ein. Von da an bleiben wir eng verbunden.

»Wo treibst du dich herum?«, fragt meine Tante, wenn ich nicht pünktlich nach der Arbeit nach Hause komme. Sie hat keine Ahnung von Kindern. Und keine Ahnung davon, wann das Kindsein ein Ende hat. Ich werde 27, 28, 29 Jahre alt, und Tante Elsa behandelt mich wie eine Sechzehnjährige. Ich soll sie fragen, wenn ich ausgehen möchte! Tue ich etwas, das ihr nicht passt, schweigt sie mich drei Wochen lang durchgehend an. Ihr Verhalten treibt mich in den Wahnsinn. Ich bin unglücklich, und doch sind mir die Hände gebunden: Ich habe keine Chance auf eine eigene Wohnung. Ich bin auf sie angewiesen. Heute möchte ich rückblickend nicht schlecht über meine Tante Elsa sprechen – sie war eine gute Frau. Aber sie war auch herrschsüchtig, rechthaberisch und stur.

Stets muss der äußerst gutmütige Onkel Pepi in allem auf seine Frau Rücksicht nehmen. Manchmal scheint mir, sie sieht die Welt durch Scheuklappen: Der Bruder meines Onkels, ein Nazi, wird nach dem Krieg vermisst. »Weißt du, Elsa, es tut mir leid um dich, schließlich bist du meine Schwägerin. Aber das Judenproblem muss gelöst werden«, hatte der Mann unter Hitler zu Tante Elsa gesagt. Nun, da er abgängig ist, heult sich die Frau des Nazis bei uns zu Hause die Augen aus. Mein Onkel hat kein Verständnis dafür, wenn Tante Elsa sie zum Essen einlädt. Erst 1945 war Onkel Pepi selbst aus dem Krieg nach Wien zurückgekehrt. Er musste 1938 einrücken, da er sich als »Arier« weigerte, sich von Tante Elsa scheiden zu lassen. »Bist du wahnsinnig! Wieso unterstützt du meine Schwägerin auch noch?«, ruft der Onkel. Meine Tante seufzt: »Ach, sie ist doch arm.« Mein Mitgefühl hat seine Grenzen. Wenn diese Frau kommt, verlasse ich das Haus. Ich will nicht mit ihr an einem Tisch sitzen.

Ich habe nicht das Bedürfnis, mit irgendjemandem über mein Schicksal zu sprechen. Im Gegenteil: Ich habe Angst davor. Fragt mich jemand nach meiner Vergangenheit, blocke ich ab. Die meisten Leute halten mich ohnehin für die Tochter meiner Tante.

Ein einziges Mal rede ich mit Vaters Cousin Siegfried übers KZ. »Ich habe letztens einen Film über Auschwitz gesehen«, sagt er und will wissen, ob eine bestimmte filmische Darstellung der Wahrheit entsprochen hat. »Ja, sie scheinen es richtig gezeigt zu haben. So war es«, erkläre ich ihm. »Das glaube ich dir nicht«, antwortet Siegfried. »Danke für dein Vertrauen«, sage ich, »mit dir werde ich nie wieder darüber sprechen.« Siegfried ist in Wien mit einer »Arierin« verheiratet. Er hat den Krieg unbeschadet überstanden. Er versteht weder, was ich erlitten habe, noch, wie dünnhäutig ich bin. Gedankenlose Bemerkungen wie diese fürchte ich. Bis heute.

Auch mit Tante Elsa vermeide ich das Thema. Wir reden nicht viel über meine Eltern und Geschwister. Unser Verhältnis ist schwierig genug. Meine Tante hat eigene Ansichten über unsere Familie. Nie hat sie meiner Mutter verziehen, dass mein Vater und sie so jung geheiratet haben. Würde Tante Elsa etwas gegen meine Mama sagen – ich weiß nicht, was ich tun würde. Nur nicht anstreifen, denke ich, besonders nicht in der Familie. Lieber nichts erzählen als zu viel.

Nie fange ich vor jemandem an zu weinen. Immer habe ich mich im Griff. An meiner Einstellung aus Auschwitz hat sich nichts geändert: Weinen kostet Kraft. Und meine Kraft brauche ich für etwas anderes. Überkommt es mich doch, ziehe ich mir die Decke über den Kopf. Ich versuche, mich selbst zu beruhigen. »Es ist vorbei. Du hast überlebt. Du musst weiterleben. Du musst das schaffen.«

Ich habe nette Kollegen bei Herzmansky, doch die Personalchefin des Unternehmens kann mich nicht leiden. Sie fühlt sich auf den Schlips getreten, da nicht sie mich eingestellt hat, sondern Herr Herzmansky persönlich. Nach zwei Jahren am Packtisch vermittelt mein Onkel mir einen Posten bei seinem eigenen Arbeitgeber. Er ist zu dieser Zeit für einen Wiener Kohlengroßhändler als Buchhalter tätig. Ich beginne dort im Büro zu arbeiten, erst als kleine Angestellte, dann im Sekretariat. Ich gehe in die Abendschule, belege Kurse und lerne Stenografieren. Später eröffnet die Firma eine Zweigstelle, die Kohle paketiert, und ich erhalte mehr Verantwortung. Ich überwache die Kohletransporte, erledige die bürokratischen Wege und achte darauf, dass die Arbeiter rechtzeitig ein- und ausladen.

Mittlerweile bin ich 32 Jahre alt und muss immer noch im Kabinett von Tante Elsa wohnen. Ich habe nach wie vor keine Chance auf eine eigene Wohnung. Die Untermiete woanders erscheint mir kein Ausweg. »Wieso kommst du schon wieder so spät?« »Mitbringen darfst du aber niemanden.« – Eine fremde Vermieterin würde sich zur damaligen Zeit genauso wie meine Tante herausnehmen, sich in mein Leben einzumischen. Es ist nicht einfach. Manchmal passe ich auf das kleine Kind unserer Nachbarn auf. Sie sind jung verheiratet, und wir freunden uns miteinander an. Wenn sie am Abend ausgehen, hüte ich ab und zu für sie das Haus. Als ich einmal mit ihrer kleinen Tochter in der Nachbarwohnung sitze, klopft es. »Habe ich mich in der Tür geirrt?« Ein großer junger Mann steht vor mir. »Ich wollte eigentlich zu meinem Bruder?« Ich schüttle lächelnd den Kopf. »Nein, nein. Ich bin nur zum Babysitten da.« Der Mann scheint kurz zu überlegen. »Darf ich auf meinen Bruder warten?«, fragt er dann. Ich nicke und bitte ihn herein.

Wir unterhalten uns gut. Wir lernen einander besser kennen. Zwei Jahre später komme ich schwanger aus unserem Kroatien-Urlaub zurück. Tante Elsa ist entsetzt.

Hochzeit mit Erich, 1961

8. KAPITEL

ICH LASSE MICH NICHT UNTERKRIEGEN

Es gibt da dieses Foto. Hitler posiert im Sonnenschein vor seinem Haus am Obersalzberg. Er trägt Uniform, hat einen Schäferhund an der Leine, und neben ihm lacht Eva Braun. Vor ihr ein kleiner schwarzer Hund. Im Hintergrund die Berge. Jahrzehnte später stehe ich am selben Platz. Lange schon bin ich zu diesem Zeitpunkt mit Erich verheiratet. Lange schon ist unsere Tochter Christine auf der Welt. Erich und ich sind in Bayern auf Urlaub. Wir haben uns Schloss Neuschwanstein angesehen. Im Rahmen einer Touristenführung sind wir nun mehr zufällig als geplant auch bei Hitlers Landhaus gelandet. Ich stehe da, lasse meinen Blick über die beeindruckende Bergkulisse wandern und meinen Gedanken freien Lauf. »Ich stehe, wo du einst gestanden bist, und du kannst nichts dagegen tun«, sage ich stumm zu Hitler. »Heute lebe ich, und du bist nicht mehr!«, schleudere ich gedanklich in die Luft. In diesem Augenblick verspüre ich eine Art von Triumphgefühl. Ähnlich habe ich auch empfunden, als ich mit meinem Mann einmal auf den Stufen vor dem Berliner Reichstagsgebäude stand. »Du hast mich nicht umbringen können«, murmle ich auch jetzt innerlich vor mich hin, »mich nicht.«

»Gehen wir weiter?« Erich und ich setzen unsere Besichtigungsrunde am Obersalzberg fort. »Ja«, sage ich und folge ihm ins Gebäude. Ich kann meine Gedanken nicht mit ihm teilen. Ich habe Angst, dass er sie nicht verstehen würde.

Ich ziehe einen Strich unter mein altes Leben. Ich fange neu an. Endlich in einer eigenen Wohnung mit meinem Mann und meiner neugeborenen Tochter! »Wollen Sie, dass mein Kind seinen Vater Onkel nennen muss, weil er nur zu Besuch kommen kann?«, fahre ich den Beamten auf dem Wohnungsamt an. »Wir brauchen dringend eine Wohnung!« Er habe hundert Anmeldungen für fünfzehn Quartiere, erwidert der Mann. »Ob Sie 85 oder 86 Absagen an alle anderen schreiben, ist doch auch schon egal«, antworte ich ein bisschen frech. »Na du hast ein Mundwerk«, amüsiert sich der Beamte. Wenig später beziehen wir unser eigenes Zuhause im fünfzehnten Wiener Gemeindebezirk. Zu Beginn können wir uns nicht viel leisten. Mit der Zeit geht es uns besser.

Dass ich mit fast 35 Jahren meine Tochter zur Welt bringen darf, ist bis heute mein größtes Glück. Fast durchgehend hatte während Auschwitz und der Zeit der Zwangsarbeit meine Menstruation ausgesetzt. »Sie werden nie Kinder bekommen können«, attestierte mir ein Arzt gleich nach dem Krieg. Bis heute ist meine Christerl mir das Wichtigste im Leben. Der Arzt legt mir den Säugling auf die Brust, und ich spüre tiefe reine Liebe. »Mein« Kind. Immer noch sind Christine und ich innig verbunden. Vom ersten Augenblick an ist sie mir Ersatz für meine verlorene Familie.

»Oma«, ruft meine kleine Tochter und stürzt sich Tante Elsa in die Arme. Tante und Onkel werden kinderlos zu glücklichen Großeltern. Ich freue mich, dass die drei einander gernhaben.

Erich ist unserer Tochter ein liebevoller Vater und mir ein guter Ehemann. Manchmal macht mich wahnsinnig, dass man sich nicht mit ihm streiten kann. Seelenruhig schaut er mir zu, wenn ich vor Zorn durch die Decke gehe. Als ich vor

Gertrude und ihre Tochter Christine, 1962

Wut eines Tages aus der Wohnung stürzen will und schnell meinen Hut aufsetze, fängt er schallend an zu lachen. »Was ist?«, schreie ich. »Du hast deinen Hut verkehrt auf«, kommentiert mein Mann. Da kann ich ihm nicht mehr böse sein.

Stundenlang kann Erich Zeitung lesen, ohne ein Wort zu reden. »Erzähl bitte diesen Witz«, stupst er mich an, wenn wir in Gesellschaft sind. Er lacht herzlich mit, würde jedoch selbst nie einen zum Besten geben. Mein Mann liebt Radfahren, nimmt an Schachturnieren teil, ist mit Leidenschaft Schiedsrichter und geht gern in die Berge. Immer meint er, an meinem Keuchen messen zu können, wie weit es noch zum Gipfelkreuz ist. »Ich kann dich schon hören«, witzelt er, »jetzt müssen wir gleich da sein.« Jede Kirche, an der wir im Urlaub vorbeikommen, muss Erich besichtigen. Er hat ein großes Interesse für unterschiedliche Baustile.

Seine Mutter wirft mir vor, dass ich ihn nicht genug bediene. Ich hingegen bin froh, keinen Macho geheiratet zu haben. Gleichberechtigung in einer Ehe ist Anfang der 1960er Jahre noch keine Selbstverständlichkeit. Erich respektiert, dass ich darauf bestehe. Jede einzelne Rechnung in unserem Haushalt wird auf beide Namen ausgestellt. Jede Entscheidung treffen wir gemeinsam.

Mein Mann verhält sich Frauen gegenüber sehr wertschätzend. Gleichzeitig weiß ich, dass er mich nie betrügen würde. »Dazu ist er viel zu langsam«, pflege ich zu scherzen. Einmal sind wir in Genf auf Urlaub und wollen auf einer Parkbank im Freien picknicken. Die kleine Christine und ich bereiten alles vor. Mein Mann nimmt ein paar Bänke weiter Platz und wartet. Eine fremde Frau setzt sich zu ihm und fängt an, intensiv mit ihm zu flirten. »Christerl, holst du bitte den Papa zum Essen?«, sage ich nach einer Weile zu meiner

Tochter. Mit kleinen Schritten saust sie zu Erich: »Papa, die Mama sagt, du kannst schon kommen.« Die Frau sieht meinen Mann ungläubig an: »Also, das ist ja allerhand!« Verärgert geht sie davon, und ich muss aufpassen, mich vor lauter Lachen nicht an meinem Stück Käse zu verschlucken.

Ich wechsle vom Geschäft mit Kohle in den Sand- und Baustoffhandel. Meine Firma stellt mir eine Handelsvollmacht aus. Ich leite eine Abteilung und schließe Kundenverträge ab. Es geht um Großlieferungen von Zement, Ziegeln, Beton – wir handeln mit allem, was man zum Bauen benötigt. Mein Mann ist, als wir einander kennenlernen, beim staatlichen Vermessungsamt beschäftigt. Später wird er beim Bundesstrombauamt Grundverwalter der Wiener Donauauen.

Erich weiß, dass ich in Auschwitz war. Er weiß, dass meine Eltern und meine Brüder umgebracht wurden. Ohne ihm von meiner Vergangenheit erzählt zu haben, hätte ich ihn 1961 nicht heiraten können. Doch innerhalb seiner Familie ist nur der engste Kreis informiert: seine Geschwister, deren Partner und meine Schwiegermutter. Erichs Vater lerne ich nie kennen. Er ist im Krieg gefallen. »Bitte, erzähl den restlichen Verwandten nichts von deiner Geschichte«, sagt meine Schwiegermutter, »sie würden es nicht verstehen.« Ihr Leben lang erfährt die Nazi-Verwandtschaft meines Mannes kein Sterbenswörtchen über das Schicksal meiner Familie.

Mit meinem Schwager, dem Mann von Erichs Schwester, gehe ich einmal über die Straße, als er plötzlich stolpert und kurz aus dem Gleichgewicht gerät. »Da muss ein Jud' begraben sein«, ruft er aus. Eine damals immer noch gern gebrauchte Formulierung. »Wieso?!«, fahre ich ihn an. »Hast du ihn erschossen, sodass er auf der Straße begraben liegt?«

Mein Schwager zuckt mit den Schultern. »Das sagt man so.«
Zorn überkommt mich. »Wenn man Hirn hat, nicht. Das
sagt nur jemand, der nicht nachdenkt und Blödsinn nach-
plappert.«

In solchen Momenten kann ich meinen Mund nicht halten. Abgesehen davon leben Mama, Papa, Heinzi und Lumpi
einzig in meinem Herzen weiter. Mit jedem Fremden kann
ich zu streiten anfangen. Innerhalb meiner angeheirateten
Familie aber habe ich nicht die Kraft, mich für irgendetwas
zu rechtfertigen. Wie einen Stein trage ich meine Vergangenheit in meiner Brust. Bis heute kann ich ihn körperlich
spüren.

Am ehesten fühle ich mich vom Bruder meines Mannes
verstanden. Walter war nach einem Streit mit seinem Vater
als Achtzehnjähriger aus Trotz freiwillig eingerückt. Ganz
knapp kam er bei der Schlacht von Stalingrad mit dem Leben davon. Walter beginnt zu zittern, wenn der Krieg zur
Sprache kommt. »Die Leute reden so blöd über das Geschehene«, sagt er manchmal zu mir, »die haben keine Ahnung,
was wir mitgemacht haben.« Wir nicken uns zu. Wir reden
nicht viel. Aber es tut gut zu wissen, dass wir ähnlich empfinden.

Selbst mit meinem Mann kann ich nicht über meine Vergangenheit sprechen. Ich weiß nicht, warum er während unserer mehr als vierzigjährigen Ehe nie Genaueres wissen
will. Ich jedenfalls habe Scheu davor, ungefragt zu erzählen. Natürlich ist mein Mann kein Antisemit. Aber würde
er wirklich verstehen, was ich ihm anvertraue? Oder würde
er mich mit einer ungeschickten Bemerkung verletzen? Ich
schweige lieber, bevor ich riskiere, dass das Erlebte meine
Beziehung aufs Spiel setzt.

»Jetzt habe ich meinen Löffel vergessen«, ärgere ich mich und gehe zurück in die Küche. Gerade habe ich den Tisch fürs Mittagessen gedeckt. »Nimm doch meinen«, ruft mein Mann mir nach. »Du weißt, dass ich das nicht kann«, antworte ich. Hundertmal hat er mich dafür schon ausgelacht. Ich esse nicht von fremden Tellern. Ich trinke nicht aus fremden Gläsern. Ich benütze kein fremdes Besteck. »Du spinnst ja«, schüttelt Erich den Kopf, als ich unsere Tochter mit Babybrei füttere und Reste, die am Löffel kleben bleiben, nicht selbst abschlecke. Natürlich graust mir nicht vor meinem Mann und meiner Tochter. Aber das Schlürfen aus verdreckten Blechschüsseln in Auschwitz hat Spuren hinterlassen.

Manche Dinge kann ich einfach nicht mehr.

Ich komme pünktlich zur Arbeit. Ich bin genau in dem, was ich tue. Aber ich bin freiwillig da. Ich erfülle meine Pflichten, aber kenne meine Rechte. Ich vertrage keinen Zwang mehr, in jeglicher Hinsicht. Erich respektiert es. Hätte mein Mann mir irgendetwas verboten, ich glaube, ich hätte mich scheiden lassen. Heute bin ich eine alte alleinstehende Frau, und immer noch will ich mich zu nichts mehr verpflichten. Ich beschäftige eine Putzfrau, die meine Wohnung reinigt. »Ich rufe Sie an, wenn ich Sie das nächste Mal brauche«, sage ich ihr jedes Mal beim Verabschieden. Ich will spontan entscheiden und mich nicht auf einen wöchentlichen Termin festlegen. Ich will frei sein.

Ich war ein kontaktfreudiges Kind und komme auch als Erwachsene gern und schnell mit Leuten ins Gespräch. Doch als ich als junge Frau nach Wien zurückkehre, habe ich an Offenheit verloren. Ich bin misstrauisch geworden. Von klein auf bin ich von meinen Eltern zur Hilfsbereitschaft erzogen worden. Sah ich einen alten Menschen, der schlecht zu Fuß war und es allein nur schwer über die Straße schaffte, lief ich hin und stützte die Person. Nun hindern meine Gedanken mich daran. »Und was hast du während des Krieges gemacht?«, beobachte ich stumm den gebrechlichen Fußgänger, »warst du ein Nazi? Dann helfe ich dir nicht.« Ab und zu kann ich mir doch einen Ruck geben. »Sei nicht so blöd, der Person musst du jetzt wirklich helfen«, sage ich mir. Dann wieder will es mir einfach nicht gelingen. Heute bin ich selbst so schlecht zu Fuß, dass ich auf Hilfe angewiesen bin. Als wir in Hamburg kurz vor Kriegsende Panzergräben bauen mussten, trat mich einer der Bewacher in den Rücken. Noch immer kämpfe ich mit den Folgen dieser Verletzung.

Bis zum heutigen Tag fällt es mir äußerst schwer, jemandem mein Vertrauen zu schenken. Vor allem Menschen meiner Generation, jene, die den Krieg erlebt haben, wecken mein Misstrauen. »Ich könnte nie in ein Altersheim ziehen«, erzähle ich einmal einer Freundin meiner Tochter, »ich halte alte Menschen einfach nicht aus.« Wir lachen miteinander über meine Bemerkung. Aber es ist mein Ernst. »Wer bist du? Was warst du im Krieg?«, schießt mir in den Kopf, wenn ein alter Mensch sich nur neben mich auf eine Parkbank setzt. Lieber bin ich allein als mit jemandem in Kontakt, der vielleicht ein Nazi war.

Bis zu ihrem Tod vor einiger Zeit war ich in ständigem Austausch mit meinen zwei engsten Freundinnen, jener aus Kapfenberg in der Steiermark und jener aus Wiener Neudorf. Wir hatten es lustig und jahrzehntelang ein herzliches Verhältnis zueinander. Meine Freundinnen wussten von meiner Vergangenheit. Tiefe Gespräche habe ich trotzdem nie gesucht. »Lasst die Tante Gerti. Die hat viel mitgemacht.

Fragt sie nicht aus«, sagte meine steirische Freundin stets zu ihren Kindern. Wenn ich jetzt darüber nachdenke, erscheint mir diese Lösung auch nicht als der richtige Weg. Vielleicht hätte ich den Jungen sogar etwas erzählen können.

Sie ist einfach noch zu klein! Immer versuche ich, meine Vergangenheit von meiner Tochter fernzuhalten. Die Christerl weiß, dass ihre »Großeltern«, Tante Elsa und Onkel Pepi, nicht meine Eltern sind.

Von klein auf erzähle ich ihr, dass meine Eltern und Brüder im Krieg gestorben sind. Das Wie und Warum verschweige ich. Ich habe Angst, sie könnte nicht stark genug sein, wenn sie Details zum Konzentrationslager erfährt. Dass sie sich in der Schule manchmal nicht zugehörig fühlen könnte. Oder dass sie sich, wie ich, durch blöde Bemerkungen verletzen lässt.

Ich will mein Kind nicht belasten. Aber ich brauche das Schweigen auch für mich selbst. Ich will nicht, dass meine Vergangenheit mein weiteres Leben bestimmt. Ich möchte, dass das Erlebte endlich in die Ferne rückt.

Manchmal tauchen sie trotzdem auf. Jene Gedanken, die mich bis heute in die Knie zwingen.

Wer ist als Erstes gestorben, die Mama, mein kleiner Bruder oder der Mittlere? Wie hat die Mama es verkraftet zu sehen, dass ihre Kinder keine Luft kriegen, dass sie Gas einatmen und dass sie sterben müssen? Hat sie es noch bei Bewusstsein erlebt, oder war sie früher tot als meine Brüder? Ist sie vor den Augen der Buben ohnmächtig geworden? Wie war es für die Kinder, sehen zu müssen, wie die Mutter stirbt? Sind sie alle drei schnell erstickt, oder waren sie unter denen, die den Todeskampf zuletzt verloren haben?

Diese letzten zehn Minuten sind schlimmer für mich als alles, was ich selbst mitgemacht habe. Ich muss mir verbieten, daran zu denken.

Fast dreißig Jahre sind seit Kriegsende vergangen, als mich Anfang der siebziger Jahre einer unserer Nachbarn ersucht, ob ich einer ihm bekannten Geschichtestudentin ein Interview für ihre Dissertation geben würde. Ich zögere, doch erkläre mich bereit. Die junge Frau kommt zu uns nach Hause, und zum ersten Mal seit dem Krieg erzähle ich ein bisschen. Nicht allzu viel. Aber etwas. Meine Tochter ist damals ungefähr zehn Jahre alt. Sie sitzt mit am Tisch, hört zu und spürt meine Aufregung. Sie merkt, wie schwer mir das Reden fällt. Christine nimmt meine Hand und hält sie fest. Es ist nicht erleichternd für mich, zu berichten. Im Gegenteil – während der Tage nach dem Gespräch kann ich in unbeobachteten Momenten nicht aufhören zu weinen. »Mama, erzähl mir etwas darüber«, sagt meine Tochter, als die Studentin wieder weg ist. Von diesem Zeitpunkt an erfährt sie Stück für Stück ein wenig mehr. Erst als sie viel älter ist und schon etwas von Politik versteht, sprechen wir ausführlicher über meine Kriegserlebnisse. Es sind Gespräche, die mir helfen. Das Leben mit meiner Tochter ist die beste Therapie, die ich bekommen konnte.

In Auschwitz habe ich meinen Glauben verloren. Christines Geburt ist der einzige Punkt im Leben, an dem ich nochmals das Gefühl hatte, eine höhere Macht zu spüren. Bis heute erscheint mir mein Kind wie ein Wunder, wie ein Geschenk der Wiedergutmachung.

Während ich in Schweden mit Tuberkulose im Krankenhaus lag, kam mich eine Frau besuchen. Sie wurde mir zur psychologischen Betreuung geschickt und scheint Mitglied einer örtlichen Kirche gewesen zu sein. Sie hatte eine Bibel dabei. »Schau, es war Gottes Wille, dass die Dinge so kommen, wie sie gekommen sind«, erklärte sie mir. Ich konnte und wollte ihre Worte nicht verstehen. »Sie denken, es war Gottes Wille, dass meine Brüder im Alter von neun und vierzehn Jahren brutal ermordet worden sind?«, entgegnete ich. Wir debattierten eine Weile. Ich blieb bei meinem Standpunkt. »Es tut mir leid, aber ein Gott, der zulässt, dass meine Familie so sterben muss, wie sie sterben musste, ist für mich nicht anbetungswürdig. Ich kann nicht mehr glauben.« Die Frau wurde still. Sie wollte mehr von dem erfahren, was ich erlebt hatte. Und dann hörte sie auf, mich zu besuchen. »Ich kann nicht mehr weiter zu Ihnen kommen. Ich habe Angst, meinen Glauben zu verlieren, weil Sie mich überzeugen und ich Ihnen recht geben muss«, sagte sie. Das war das Ende meiner psychologischen Behandlung.

Wofür ließ ein Gott meine Brüder auf die Welt kommen, wenn sie wenig später wie Ungeziefer vernichtet wurden? Den kleinen aufgeweckten Lumpi. Den braven Heinzi, der sein Leben lang nie gelogen oder ein Schimpfwort in den Mund genommen hatte. Wozu hat ein Gott meinen Eltern das Leben geschenkt, wenn er sie nach Jahren der Angst und Flucht mit vierzig hinrichten ließ? Wieso musste meine Mutter eine schreckliche Kindheit erleiden und immer in Armut leben, um schließlich in einer Gaskammer zu enden? »Wir haben auch viel mitgemacht.« »Mein Vater ist auch im Krieg gefallen.« Bis heute reagiere ich allergisch, wenn der Mord an meiner Familie Vergleichen unterzogen wird. Ich will damit auf keinen Fall behaupten, dass es im »normalen« Leben nicht tragisch sei, den Tod eines geliebten Menschen erleben zu müssen. Aber es ist etwas anderes als eine menschenverachtende kalkulierte Vernichtung.

»Treib nie mit heiligen Dingen Spott und horch nicht fremdem Glauben. Und lass Dir Deinen Herrn und Gott von keinem Zweifel rauben«, schrieb mein Vater 1938 in mein Poesiealbum. Trotz seiner jüdischen Wurzeln hatte er uns stets streng zum katholischen Glauben erzogen. Den Wunsch, mir Gott »nicht rauben zu lassen«, kann ich meinem Papa seit Auschwitz nicht mehr erfüllen.

Trotzdem heiraten mein Mann und ich kirchlich. Auch unsere Tochter wird getauft. Meinem Mann ist es ein Anliegen. Und mir ist es wie ihm wichtig, dass Christine sich zugehörig fühlt – so kann sie wie all ihre Schulfreunde am Religionsunterricht teilnehmen. Ich selbst trete aus der Kirche aus, als meine Tochter noch sehr klein ist.

Es wäre das Höchste für mich, wenn ich eines Tages im Tod mit meiner Familie wiedervereint wäre. Aber ich gebe mich keinen illusorischen Hoffnungen hin. »Mama, hilf mir« – während meiner Gefangenschaft in Auschwitz konnte ich mir manchmal noch einreden, dass die Seele meiner Mutter für mich da ist. Oder ich stellte mir vor, dass ich den kleinen Lumpi bei mir habe und an mich drücke. Es war Selbstschutz. Etwas, aus dem ich mir Kraft holte. Wirklich geglaubt habe ich nie daran.

Heute denke ich, dass auch die Seele eines Menschen sich auflöst. Dass gar nichts von uns übrig bleibt.

Nie wieder will ich polnischen Boden betreten. Nicht um viel Geld. Ich würde nie auf die Idee kommen, dorthin auf Urlaub zu fahren. Ich kann es nicht. Ein Verein in meinem Wohnbezirk organisiert eines Tages eine Besichtigungsfahrt nach Auschwitz. Ich bekomme eine Einladung. »Ich gebe dir eine Kerze mit«, sage ich zu einer Bekannten, »bitte, zünde sie dort für mich an.« Aber mitfahren? Niemals! Als ich mit meinem Mann eine Deutschlandreise mache, kommen wir an Bergen-Belsen vorbei. »Da war ein riesiges Konzentrationslager«, erzähle ich ihm. »Willst du es dir ansehen?«, fragt mein Mann. »Ganz sicher nicht«, antworte ich. Erich nimmt zur Kenntnis, wie ich mit meiner Vergangenheit umgehe. Aber er kann mich aus irgendeinem Grund nicht dabei unterstützen.

Nur einmal greift er aktiv ein und handelt: Wir sind in Israel auf Reisen. »Gehen wir ins Holocaust-Museum?«, fragt mich mein Mann, als wir durch Jerusalem spazieren. Ich bin einverstanden. Dann könnte ich ihm vielleicht anschaulich erklären, was damals passiert ist, denke ich. Das wäre eine Gelegenheit. Wir betreten die Vorhalle des Museums, als ich plötzlich spüre, wie alles in mir sich verkrampft. Ich weiß nicht mehr, welches Ausstellungsstück ich gesehen habe, das mir schon im Foyer dermaßen in Mark und Bein gefahren ist. Ich bleibe stocksteif stehen und kann keinen Schritt weitergehen. Tränen schießen mir in die Augen. Ich habe das Gefühl, gleich umzukippen. Unkontrolliert fange ich an zu weinen. Selbst wenn ich heute daran zurückdenke, schnürt sich alles in mir zusammen. Mit Müh und Not schafft Erich es, mich aus dem Eingangsbereich ins Freie bis zu einer Bank zu bringen. Ich sitze da und heule wie verrückt. Erich ist bei mir, nimmt mich in den Arm, hält mich, bis ich mich wieder etwas gefangen habe. »Geh du doch allein hinein, damit du ein bisschen einen Begriff bekommst«, schluchze ich. Er drückt mich noch eine Spur fester an sich. »Kommt überhaupt nicht in Frage. Ich lasse dich doch jetzt nicht allein. Du überlebst das hier sonst nicht.« Ich glaube, er hatte recht.

Im Laufe meines Lebens habe ich ein oder zwei Erfahrungs-berichte von Überlebenden wie mir gelesen. Ich wollte wis-sen, wie andere über ihre Schicksale denken. »Hör auf damit«, sage ich mir schon bald, »hör auf zu lesen, sonst ver-kraftest du alles noch weniger.« Wird ein Film zum Thema gezeigt, wechsle ich bis heute den Fernsehkanal. Trotzdem hat mich die Zeit, die ich erleben musste, immer beschäf-tigt. Früher, ohne Internet, war der Zugang zu Informatio-nen noch nicht so einfach. Vielleicht hätte ich sonst ein we-nig mehr nachgelesen. Vielleicht auch nicht. Immer, wenn ich versuche, mich inhaltlich mit der Judenvernichtung aus-einanderzusetzen, halte ich nicht lange durch. Wie genau ist die Befreiung in Auschwitz vor sich gegangen? Was taten die Gefangenen, nachdem sie schon im Jänner 1945 offiziell befreit, aber durch andauernde Kämpfe trotzdem gezwun-gen waren, im verseuchten Lager weiterzuleben? Wie ging es jenen, die nicht wie ich das Glück hatten, nach Schweden zu kommen? Jenen, die nach dem KZ sofort in Deutschland weiterleben mussten? Das sind Fragen, über die ich immer wieder nachdenke. Ich habe bei Organisationen nachgefragt, Artikel gelesen und später auch ein wenig im Internet da-nach gesucht.

Bis heute frage ich mich, wie ein Nazi, der andere ermor-det und misshandelt hat, nach 1945 weitergelebt hat. Wie ein normaler Mitbürger? Führte er ein glückliches Familien-leben? Wie ist ein Mann, der Jüdinnen einst die Gebärmutter zerquetschte, um die Welt vor jüdischem Nachwuchs zu be-wahren, nach dem Krieg mit Frauen umgegangen? Wie lebte der Lagerleiter aus Hamburg weiter, der uns verschimmeltes Brot zu essen gab? Müsste dieser Mann später nicht an seinem Schnitzel erstickt sein? Ich kann es mir einfach nicht vorstellen. Ich bin froh, dass ich in meinem späteren Leben niemandem mehr begegnet bin, der aktiv an der Todesmaschinerie beteiligt war. Oder falls doch, dass ich es nicht erfahren habe. Ob jemand ehrlich bereut oder wie diese Menschen ihre Taten rückwirkend wirklich empfunden haben, wird man meiner Meinung nach nie richtig wissen können. »Ich hatte selbst Angst um mein Leben.« »Ich musste und konnte nicht anders.« »Wie hätte ich mich als Einziger wehren sollen?« Antworten wie diese glaube ich den Leuten nicht. Ich nehme ihnen ihre Reue nicht ab. Ich muss doch denken, bevor ich handle!

Ein Offizier in Auschwitz feierte während meiner Gefangenschaft seine Hochzeit. Zu diesem Anlass wünschte sich seine Braut eine Kutschenfahrt durch das Vernichtungslager. Sie saß in ihrem weißen Brautkleid neben ihrem frisch angetrauten Ehemann. Ihr Brautschleier flatterte im Wind, als sie, von Pferden gezogen, an unseren Baracken vorbeifuhr. Wir standen da, abgemagert, verlaust, kahlgeschoren. »Pfui, sind die grauslich«, rief die Braut. Sehr gerne hätte ich mehr über den Charakter dieser Frau erfahren. Einer Frau, die sich an ihrem Hochzeitstag wünschte, einen Blick auf uns »Untermenschen« zu werfen.

Ich empfinde keinen Hass auf Menschen wie sie. Hass ist ein Gefühl, das ich nicht kenne. Auch das Bedürfnis nach Rache an den Mördern meiner Familie habe ich nie verspürt. Was ich fühle, ist Verachtung. Ich kann den Nazis nicht verzeihen, was sie getan haben. Ich verachte jene Masse an Menschen, die Hitler 1938 jubelnd in Empfang genommen hat. Auch, wenn ich grundsätzlich dagegen bin, Menschen auszugrenzen: Personen, die Nazi-Gedankengut vertreten, schließe ich aus meinem Leben aus, und ich will nichts mit ihnen zu tun haben.

Für jene Menschen, die das Naziregime nicht unterstützt, sondern aus Angst um ihr eigenes Leben keinen Widerstand geleistet haben, kann ich ein gewisses Verständnis aufbringen. Es ist nicht jeder bereit, sein Leben für andere aufs Spiel zu setzen. Ich kann nicht sagen, ob ich mich an deren Stelle nicht auch dazu entschieden hätte, mich möglichst ruhig zu verhalten.

Der Mann meiner Freundin aus Kapfenberg hat beispielsweise gemeinsam mit Kindern aus lauter Nazi-Familien das Gymnasium besucht. Auch er war deshalb während seiner Schulzeit bei der Hitlerjugend. Was hätte er auch tun sollen, wenn die Eltern ihn dort in die Schule schickten? Was hätten die Eltern tun sollen, wenn es das einzige Gymnasium in der Gegend war? Es ist kein Nazi aus ihm geworden. Und ich habe ihm die Hitlerjugend nicht nachgetragen.

»Du wirst noch einmal eine über den Kopf gezogen kriegen, nur weil du deinen Mund nicht halten kannst«, sagt mein Mann manchmal zu mir. Es ist mir egal, ob ich mancherorts als »Bissgurn« verschrien bin. Wo ich mich wehren will, wehre ich mich. Wo ich mich einmischen will, mische ich mich ein.

Fast zehn Jahre lang bin ich Ende der 1960er Jahre bereits als Abteilungsleiterin im Baustoffhandel tätig. Eines Tages kassiere ich 100 000 Schilling von einem Kleinhändler und marschiere damit über den Gang zur Hauptkassa, als unser Prokurist mir entgegenkommt. Er ist einer, der mit Frauen gerne seine Späßchen macht. Etwas, das mir gar nicht liegt. »Na, Frau Kollegin, für so viel Geld würde ich glatt eine Liebschaft mit Ihnen anfangen«, ruft er mir zwinkernd zu. »Wenn ich dafür bezahlen muss, kann ich auf jegliche Liebschaft verzichten«, antworte ich. Von diesem Tag an habe ich den Mann zum Feind. Er spinnt Intrigen, erreicht, dass zwei meiner Mitarbeiter entlassen werden und meine Abteilung aufgelöst wird. »Ich kündige«, sage ich daraufhin zum Generaldirektor. »Aber dann bekommen Sie keine Abfindung«, erklärt er mir. »Ist mir egal«, antworte ich, »ich arbeite keine Minute länger mehr mit dem Prokuristen zusammen.« Auch wenn ich dabei Geld verliere – ich lasse mir eine solche Behandlung nicht gefallen. Ich beende mein Anstellungsverhältnis und bin bis zur Pension für zwei andere Baustoff-Unternehmen tätig.

Ein paarmal kehre ich nach dem Krieg für Urlaube noch zurück nach Schweden. Ich bin mit meiner Freundin Ethel noch in Kontakt. Auch mit Frau Schnabl und ihrer Familie. Sie alle besuchen mich nach meiner Rückkehr nach Wien auch in Österreich. Anfang der 1990er Jahre fliege ich mit meinem Mann nach Stockholm. Erich und ich stehen vor dem königlichen Schloss und schauen einer Militärparade zu. In farbigen Uniformen marschieren die Soldaten im Gleichschritt an uns vorbei. Blasmusik ertönt. Es wird der Geburtstag der schwedischen Kronprinzessin gefeiert. Ein deutsches Ehepaar steht neben uns. »So ein Kasperltheater, dieses Militär«, sagt der Deutsche, »damit hätten die Schweden nie einen Krieg gewonnen.« Ich werde wahnsinnig zornig und kann mich nicht zurückhalten. »Haben die Deutschen mit ihrem brutalen Militär den Krieg gewonnen? Sie haben Unglück über die ganze Welt gebracht. Gott sei Dank hat Schweden kein solches Militär«, beschimpfe ich den fremden Mann. Die deutsche Frau zieht ihren Gatten am Ärmel von mir weg. »Dass du immer so daherreden musst«, raunt sie ihm ins Ohr. Ein Schwede kommt auf mich zu: »Vielen Dank, das haben Sie wunderbar gesagt.« Ich freue mich über sein Lob. Darf ein Land nur ein kriegerisches Militär haben? Das ist es, was mich so empört hat. Erich ist ganz baff, dass ich so in Rage geraten bin. »Bitte, reden wir in der Ausstellung nicht miteinander«, sagt er, als wir ein anderes Mal in Norwegen sind und ein Kriegsmuseum besichtigen, »ich würde sie gerne in Ruhe anschauen und nicht gleich wieder mit Deutschen aneinandergeraten.«

Als wir während einem unserer Kärnten-Urlaube von der Mutter unserer Vermieterin zur Kaffeejause eingeladen werden, setzt die betagte Frau sich zum Klavier. »Ich kann noch immer spielen«, ruft sie, »meine Finger sind noch fit genug.« Sie gibt das »Horst-Wessel-Lied« zum Besten. Ich sitze da, lausche der Parteihymne der NSDAP und versuche, mich zu beherrschen. Die Frau ist alt und deppert, was soll es bringen, wenn du hier jetzt eine Szene machst, sage ich mir. Doch ich betrete das Haus der alten Nazi-Anhängerin kein zweites Mal.

In der Nähe unserer Wiener Wohnung raufen eines Tages zwei Buben miteinander. »Du Saujud'!«, schreit einer den anderen an. Ich laufe hin und schnappe den Kleinen: »Was hast du gerade gesagt?! Weißt du, was du gerade gesagt hast?!« Ganz verdattert schaut er mich an. »Saujud' – ein Schimpfwort halt.« Ich erkläre dem Buben, dass das Judentum eine Religion ist. Dass Jesus als Jude zur Welt kam. »Was stellst du dir unter einem Saujuden vor? Ist jemand ein Saujude, weil er eine andere Religion hat als du?«, frage ich ihn. Der Kleine hört mir aufmerksam zu. »Ich kenne das Wort von meinem Vater. Der sagt manchmal Saujud'«, erklärt mir der Bub. »Wahrscheinlich war dein Vater ein Nazi«, stelle ich fest. Und dann denke ich mir, dass die Kinder einfach nur Aufklärung brauchen. Sie plappern schlichtweg nach, was ihnen zu Hause vorgesagt wird.

Irgendwann gerate ich am Stephansplatz mitten in eine Gruppe von Schülern. Es scheinen Gymnasiasten aus einer der unteren Schulstufen zu sein. Ich will gerade vorbeigehen, als ich bemerke, dass der Lehrer ihnen vom Zweiten Weltkrieg erzählt. »Der Krieg interessiert mich nicht«, sagt ein Bub. Ich bleibe stehen und mische mich ein. »Ich habe den Krieg erlebt und wünsche dir, dass du dich nie dafür interessieren musst«, sage ich dem Schüler, »aber du solltest wissen, was Krieg bedeutet.« »Mein Vater ist Arzt, der bräuchte im Krieg sowieso nicht einrücken«, sagt der Bub. »Aber er müsste vielleicht junge Soldaten notoperieren. Ohne Hilfsmittel, ohne Narkose, auf einem Brett als Unterlage. Glaubst du, das wäre in seinem Sinne?«, frage ich ihn und fahre fort: »Du selbst bekommst eines Tages den Befehl zum Einrücken. Dann musst du auf andere Menschen schießen. Vielleicht in einem Land, in das du jetzt noch auf Urlaub fährst.« Der Bub hat mir aufmerksam zugehört. »Ach so? Wirklich?« Die Kinder wollen plötzlich mehr und mehr wissen. Ich stehe da und versuche ihnen anschaulich zu erklären, was es heißt, im Krieg zu leben. »Leider müssen wir jetzt los. Wir müssen unseren Bus erwischen«, entschuldigt der Lehrer sich irgendwann. Die Kinder bedanken sich. Und ich bin wieder einmal froh, meinen Mund aufgemacht zu haben.

Sosehr ich mein persönliches Schicksal mein Leben lang mit mir selbst ausmache: Sobald ich leichtfertige, unver-

schämte oder falsche Bemerkungen über das Kriegsgesche-
hen höre, muss ich reagieren. Impulsiv und spontan.

Einmal gehe ich vor unserer Haustür ein Stück die Straße
hinauf. Ein kleiner Bub kommt mir mit seinem Vater entgegen. Der Bub hat einen aus Holz geschnitzten Revolver
in der Hand. »Bum! Bum! Bum!«, zielt er auf mich, »jetzt
bist du tot!« Ich muss mich beherrschen, dass ich ihm keine
schmiere. Ich glaube, ich bin ganz blass geworden. »Ver-
schwind mit der Pistole«, schreie ich den Buben an. Ich bin
richtig geschockt. »Na, na, na«, sagt sein Vater, »das ist ja
nur ein Kinderspielzeug.« Der Mann hat einen ausländi-
schen Akzent. »In Österreich spielen wir nicht mit Revol-
vern«, fahre ich ihn an. Ich bin nicht fähig, ihm auch nur ein
Wort mehr zu erklären. Es war nur ein nacktes Stück Holz,
das mich so aus der Fassung gebracht hat. Es war nicht einmal schwarz angemalt.

Es muss Anfang der 2000er Jahre gewesen sein, als ich mit
meiner Tochter zum Kaffeetrinken in der Wiener Innenstadt
unterwegs war und wir danach zufällig am Museum Juden-
platz vorbeikommen. Wir sind neugierig. »Gehen wir hinein«, schlage ich Christine vor. Ein Computer steht Besu-
chern dort zur Verfügung. Unter anderem kann man in der
Datenbank des Dokumentationsarchivs des österreichischen
Widerstandes nach Opfern der Shoah suchen. Schauen wir,
was wir zu Pressburger finden, beschließen meine Tochter
und ich. Ernst, Gisela, Heinrich, Josef tippe ich.

Fossoli, lese ich auf dem Bildschirm. Deportationsdatum
5.4.1944. Nicht überlebt.

Plötzlich halte ich es in den Räumlichkeiten nicht mehr
aus. Ein Weinkrampf überkommt mich, und ich stürze hin-

aus ins Freie. Ich hatte noch nie eine Bescheinigung über den Tod meiner Familie gesehen. Ich habe bis zum heutigen Tag keinerlei schriftliche Bestätigung über ihre Ermordung. Zum ersten Mal lese ich die Namen meiner Eltern und Brüder schwarz auf weiß auf einer Opfer-Liste.

Eine Mitarbeiterin des Archivs läuft uns besorgt nach. »Es geht vielen so wie Ihnen, wenn sie die Namen ihrer Verwandten in unseren Aufzeichnungen entdecken«, sagt die Frau. Ich erzähle ihr nicht, dass ich selbst Auschwitz-Überlebende bin. Mit Müh und Not gelingt mir der Heimweg. Christine würde mich am liebsten tragen, so schwer fällt mir jeder Schritt.

Meine Mutter und meine Brüder sind Asche. Mein Vater liegt irgendwo im Straßengraben. Wieder und wieder habe ich mich nach dem Warum gefragt. Warum wurde gerade meine Familie ermordet? Warum habe ausgerechnet ich Auschwitz überlebt?

Warum bin ich dem Tod so oft von der Schaufel gesprungen? Warum wurde ich nie fürs Gas ausgewählt? Warum kam ich im KZ nicht durch eine Krankheit ums Leben? Ich, die im Gegensatz zu meinen Brüdern ständig mit sämtlichen Kinderkrankheiten im Bett gelegen ist. Was ich alles hatte! Scharlach, Diphterie, Blutarmut, schwache Knöchel. Ich war die Schwächste aus meiner Familie. Auch nach dem Krieg musste ich mich mehrmals schweren Operationen unterziehen. Und ausgerechnet ich bin immer noch am Leben.

Ob das je Schuldgefühle in mir ausgelöst hat? Nein. Ich kann nichts dafür, dass ich überlebt habe. Meine Familie kann nichts für ihren Tod. Die einzige Erklärung, die ich für mich gefunden habe, ist das Schicksal. Ich glaube an das Schicksal. An eine Bestimmung, eine Fügung. Natürlich war wichtig, dass ich mich in Auschwitz nicht aufgegeben habe. Und, ja, ich hatte immer den Willen, zu überleben. Aber den hatten Millionen anderer Menschen auch. Hätte es mich treffen sollen, hätte ich nichts dagegen tun können. Ich hatte einfach Glück.

Es ist ein Glück, das ich jeden Tag zu schätzen weiß. »Lass dich nicht unterkriegen«, habe ich mir stets gesagt. Immer hat mir dabei geholfen, dass ich ein von Grund auf optimistisch veranlagter Mensch bin. Wenn ich heute an den Tod meiner Familie denke, tut es noch genauso weh wie vor Jahrzehnten. Aber ich bin ruhiger und distanzierter geworden, vielleicht auch einfach nur alt.

Ich habe mir geschworen, mir mein Leben nach der Rückkehr von den Nazis nicht ruinieren zu lassen. Ich bin froh, heute sagen zu können, dass es mir gelungen ist.

Erich und ich machen wunderschöne Reisen. Wir fahren nach China und Indien, nach Nepal, Israel, Ägypten und in die USA. Wir machen Städtebesichtigungen innerhalb Europas. Reisen zu können empfinde ich als Freiheit. Ich sehe unsere Urlaube als Luxus und Geschenk.

Wenn mein Mann im Wohnzimmer fernsieht, ziehe ich mich manchmal in die Küche zurück. Ich male leidenschaftlich gern und kann dabei vollkommen entspannen. Aus Ölfarben entstehen Berglandschaften, Pferdeköpfe, verschiedene Motive, die mir gerade in den Sinn kommen. Ich lebe mich dermaßen in meine Bilder hinein, dass ich alles rund um mich vergesse. Auch am Handarbeiten habe ich Freude. Als meine Tochter noch klein ist, nähe ich ihr sehr viel selbst. Später fertige ich Stickbilder an und verschenke sie an Freunde und Bekannte.

In der Pension mieten Erich und ich ein altes Winzerhaus

im Weinviertel. Wir werden herzlich von der Ortsgemeinschaft aufgenommen. Jahrelang verbringen wir dort Frühling und Sommer. Ich grabe die Erde im Garten um, setze Blumen, versuche mich an Paradeisern und pflanze Erdäpfel ein. Ich habe Spaß daran, das Gärtnern auszuprobieren. Ich genieße die Zeit in der Natur.

Im Jahr 2006 stirbt mein Mann sehr plötzlich an Krebs. Seitdem lebe ich allein in unserer Wiener Wohnung. Das Haus in Niederösterreich habe ich aufgegeben. Das Handarbeiten schaffen meine Finger nicht mehr. Will ich abschalten und entspannen, drehe ich meinen Laptop auf. Dann spiele ich am Computer Karten und vergesse dabei Zeit und Schmerzen.

Jedes Wochenende bin ich bei »meinen Kindern« – meiner Tochter und meinem Schwiegersohn – zum Mittagessen eingeladen. Immer bin ich intensiv mit Christine in Kontakt. Regelmäßig fahren wir auf Mutter-Tochter-Urlaub. Dann freue ich mich, meine Christerl ein paar Tage ganz für mich zu haben. Auch mit meinen angeheirateten Neffen und Nichten bin ich nach wie vor verbunden. Ebenso mit den Kindern meiner verstorbenen Freundinnen.

Vor einigen Jahren erhielt ich einen Brief eines fremden Mannes aus Tschechien: »Sind Sie Gertrude Pressburger? Ich glaube, wir sind verwandt!« Misstrauisch wie ich bin, rief ich meine Tochter an: »Christerl, ich glaube, da probiert jemand den Neffentrick bei mir!« Heute bin ich sehr dankbar, dass Christine trotzdem neugierig war. Es stellte sich heraus, dass der Mann recht hatte. Er ist der Enkelsohn der jüngsten Schwester meiner Mutter! Jener Schwester, die meine Großmutter schon als Baby weggegeben hatte. Sie ist bei einer Familie in Tschechien aufgewachsen. Leider lerne ich meine Tante nicht mehr kennen. Sie ist bereits verstorben, als ihr Enkel sich auf Familienforschung begibt. »Du bist ihr so ähnlich«, sagen ihre Nachkommen, wenn wir uns sehen. Regelmäßig treffen wir diesen neu entdeckten Zweig der Verwandtschaft, unsere tschechische Familie.

Manchmal, wenn ich nachts in meinem Schlafzimmer ein Knacksen vernehme, fällt mir Tante Elsa ein. Im Alter hat sie sich bei jedem nächtlichen Geräusch vor dem Geist ihres verstorbenen Gatten gefürchtet. Es kommt also nicht von ungefähr, dass auch ich bei Geräuschen aus finsteren Zimmerecken an meinen Mann denke, zum Glück nicht in Angst, sondern in liebevoller Erinnerung. »Erich, du darfst immer hereinkommen«, sage ich laut in jene Richtung, aus der ich das Knacksen vermute. Dann amüsiere ich mich ein bisschen über mich selbst.

»Pavillon D« steht auf einem großen Pfeil vor dem mehrstöcki-gen Gebäude. Durch ein gläsernes Portal betrete ich die Kran-kenstation und öffne die erste Zimmertür auf der rechten Seite. »Es geht mir schon wieder besser«, begrüßt mich Frau Press-burger, »aber für einen Moment habe ich geglaubt, jetzt ist es aus.« Plötzlich sei ihr einfach die Luft weggeblieben, erzählt sie. Sie entfernt einen Plastikschlauch aus ihrem Gesicht und lächelt mich an. Neben ihrem Bett steht eine große Sauerstoff-flasche.

Frau Pressburger erzählt, wie sehr ihre Tochter in Sorge ist, berichtet, dass sie sich gut betreut fühlt, und versteckt mei-ne mitgebrachte Schokolade im Nachtkästchen »Sonst nimmt das Krankenhauspersonal sie mir noch weg«, scherzt sie. Es ist

Frühling geworden. An einem Baum vor dem Fenster zeigen sich die ersten Knospen. »Ich schaue ihnen beim Wachsen zu«, sagt sie, »aber nächste Woche darf ich wieder nach Hause.«

Eine der Krankenschwestern habe ihre Narbe am Unterarm entdeckt. »Sie hat mich gefragt, ob ich in Auschwitz war«, erklärt Frau Pressburger, »ihre Großmutter war ebenfalls dort.« Ich will wissen, was diese Frage in ihr ausgelöst hat. »Ich konnte ein bisschen besser damit umgehen als früher«, sagt sie, »dass ich das Erlebte mit dir so ausführlich besprochen habe, war wohl eine Art Therapie für mich.« Ihren Schmerz habe das viele Reden nicht lindern können. Es habe vielmehr alte Wunden wieder aufgerissen. »Aber der Stein in meiner Brust – er hat sich gelockert.«

Ein Leintuch ist für mich nichts Selbstverständliches. Ich bin froh, dass ich mehrere besitze. Ich esse mein tägliches Brot nicht gedankenlos, sondern dankbar. Ich bin niemand, der immer nach mehr strebt. Doch ich möchte mir in bescheidenem Maße leisten können, was ich gerne hätte. Ich bin froh, dass ich nicht in Armut leben muss. Ich bin glücklich darüber, dass ich mir einen gewissen Lebensstandard erarbeiten konnte. Dass ich eine Pension beziehe, mit der ich auskomme. Dass mir von Zeit zu Zeit ein Urlaub möglich ist, gut essen zu gehen oder ein neues Paar Schuhe. Kann ich etwas nicht bekommen, macht es mir auch nichts aus. Es gibt nichts, das ich unbedingt haben muss. Vielleicht kann ich durch die Umstände meines Aufwachsens leichter verzichten als andere. Schon von klein auf war ich immer mit dem zufrieden, was wir gerade hatten. Neid ist ein Gefühl, das ich nicht kenne. Nie hätte ich mit meinen Brüdern um ein Zuckerl oder ein Stück Speck gestritten.

Ich habe jung gelernt, allein Entscheidungen zu treffen. Gerade noch von den Eltern umsorgt, war plötzlich niemand mehr da, den ich fragen konnte. Gebe ich mein Geld für eine Kinokarte aus und verzichte dafür aufs Abendessen? Wo verdiene ich meinen Lebensunterhalt? In Schweden musste ich beginnen, mir meine Existenz zu sichern. Seit Auschwitz lasse ich mir nichts mehr befehlen. Und alles, was ich erreiche, schaffe ich aus eigener Kraft.

Für mich gibt es kein »Wie wär' es, wenn …«. Für Träumereien habe ich zu viel erlebt. Ich bin immer am Boden geblieben. Nie würde ich mir einen Kredit aufnehmen. Ich habe immer nur ausgegeben, was ich besessen habe.

Ich mag Unhöflichkeit nicht. Ich bin wahrlich kein Fan von Tätowierungen. Und manchmal frage ich mich, wie ich das KZ aushalten konnte, so heikel, wie ich in Bezug auf Reinlichkeit und Gerüche bin.

Ein schöner Film kann mir Freude bereiten. Ein netter Gruß. Ein Vogerl vor meinem Fenster. Ich bin sehr empfänglich für Freundlichkeiten. Auch von wildfremden Menschen auf der Straße. Schenkt mir ein Kind ein Lächeln, macht mein Herz einen Sprung. Ist eine junge Person hilfsbereit, gibt mir das Hoffnung für die Zukunft. Ich liebe die Jugend. Ich freue mich darüber, dass meine Tochter Lehrerin geworden ist.

Einzelgängerin bin ich keine. Ich brauche Familie. Keine Großfamilie, sondern wenige Menschen, die mir wirklich nahestehen. Ich lege Wert auf Freundschaften. Aber nur mit Menschen, die ich als Freunde empfinden kann. Ich wollte meine Tochter zu einem selbstbewussten Menschen erziehen. Zu jemandem, der ein Gefühl dafür hat, was Armut bedeutet, und der auch verzichten kann. Christine ist mitfühlend, arbeitsam und lebt sehr bewusst. Ich bin wahnsinnig stolz auf sie.

In den letzten Jahren habe ich, wie man so schön sagt, »zu mir selbst gefunden«. Länger schon habe ich gelernt, mich anzunehmen, wie ich bin. Heute genieße ich meine innere Ruhe. Die Tatsache, dass ich nichts mehr muss.

Ich bin meinem Schicksal dankbar, dass ich überlebt habe. Froh, dass ich in Zufriedenheit alt werden durfte. Dass es mir gelungen ist, mich nicht unterkriegen zu lassen. Dass die Nazis mir mein späteres Leben nicht kaputtmachen konnten.

Mitleid vertrage ich bis heute schwer. Mitgefühl nur, wenn es echt ist. Nicht jeder hört gern, was Leid bedeutet. Auch um andere nicht zu verletzen, habe ich meine Geschichte stets für mich behalten. Vor kurzem erzählte ich einem Cousin meines Mannes erstmals von meiner Vergangenheit. Einem jener Verwandten, der früher mit Hitler sympathisiert hat. Es war ein gelungenes Gespräch.

Ich habe den Glauben an das Gute im Menschen nie verloren. Aber ich bin wachsam. Ich glaube nicht an jedes freundliche Gesicht.

Zu meinem 88. Geburtstag habe ich mir einen Scherz erlaubt. Meine Tochter und ich suchen im Internet nach Motiven für meine Geburtstagseinladungen, als ich plötzlich auf die Zahl 88, umrahmt von einem Lorbeerkranz, stoße. »Das Nazisymbol«, rufe ich, »was hältst du davon, wenn ich es für meine E-Mail-Einladungen verwende?« Christine ist einverstanden. »Ich lebe noch«, schreibe ich unter die vom Lorbeerkranz geschmückte Zahl. »88« bedeutet »Heil Hitler«, wenn man das Alphabet von vorne bis zum Buchstaben »H« zählt. Für »SS« steht die Zahl, wenn man das Alphabet von hinten hernimmt. Als ich auf »Senden« klicke, verspüre ich, wie damals am Obersalzberg, ein kleines Triumphgefühl. Ich setze Hitler gedanklich in CC: »Ich lebe noch!«

EPILOG

Mein Leben lang habe ich Angst vor der Zukunft gehabt. Ein Misstrauen gegenüber dem, was vielleicht noch kommt. Angst davor, was die Jungen, meine Tochter und mein Schwiegersohn, eines Tages vielleicht erleben müssen. In den letzten Jahren ist meine Angst gewachsen. Ich empfinde die Stimmung als aufgeheizt. Sie erinnert mich an die 1930er Jahre.

»Für welche Partei ergreifen Sie das Wort?«, bin ich manchmal gefragt worden, wenn ich wieder irgendwo meine Meinung gesagt habe. Ich fühle mich keiner bestimmten Partei zugehörig. Aber ich verfolge aufmerksam das politische Geschehen.

»Endlich einmal einen jungen Präsidenten zu haben, das fände ich gut«, sagt ein Jugendlicher im Herbst 2016 vor mir auf dem Fernsehbildschirm, »darum stimme ich für Norbert Hofer.« Ich schüttle innerlich den Kopf. Die Jugend eines Politikers ist doch kein Argument, ihn zu wählen! Kurz darauf begegne ich einem meiner Nachbarn im Stiegenhaus. Er hat ausländische Wurzeln, woher er stammt, weiß ich nicht. »Ich bin für Hofer«, erklärt er mir, »denn auf seinen Plakaten steht ›Aufstehen für Österreich‹. Ich gebe ihm meine Stimme, weil ich Gutes für Österreich will!«

Wenige Wochen zuvor hatte Heinz-Christian Strache verkündet, dass »ein Bürgerkrieg in Österreich mittelfristig nicht unwahrscheinlich« sei. Bürgerkrieg! Ich weiß noch, wie ich plötzlich kerzengerade in meinem Sessel saß. Es lief mir kalt den Rücken hinunter. Ich dachte an die ersten Toten meines Lebens, zwei junge Studenten, die ich 1934, noch als Volksschülerin, auf den Wiener Straßen liegen sah. »So etwas nimmt ein österreichischer Politiker im Jahr 2016 leichtfertig in den Mund? Das darf doch nicht einmal angedacht werden!«, sagte ich zu meiner Tochter.

Heute sind viele Menschen in Österreich unzufrieden mit dem, was sie haben, obwohl es ihnen materiell an nichts fehlt. Als Hitler an die Macht kam, herrschten Armut und Arbeitslosigkeit. Ich weiß noch, wie bescheiden wir leben mussten. Ich kann verstehen, dass die Leute sich damals nach besseren Tagen gesehnt haben. Was man heute in Österreich unter Armut versteht, ist vergleichsweise lächerlich. Früher wären wir überglücklich gewesen, hätten wir einen solchen Lebensstandard gehabt. Wir bewohnen eines der friedlichsten Länder der Welt. Einen funktionierenden Sozialstaat!

Nach Ende des Zweiten Weltkriegs war die Unzufriedenheit, die den Kriegsjahren voranging, verebbt. Jeder war froh, dass es wieder bergauf geht. Dass man öffentlich seine Meinung zu Dingen sagen durfte. Dass man zu Hause die Musik hören konnte, die man gern hören wollte. Man war neugierig aufs Ausland. Man hat gern gearbeitet, um wieder zu Geld und einem gewissen Wohlstand zu kommen. Heute kann ich davon nichts mehr spüren.

Wenn Parteien für ein »besseres Österreich« plädieren, dafür, dass sich »etwas ändern« müsse, stellt es mir die Haare auf. Es kann nur schlechter werden, denke ich dann. Noch nie war so lange Frieden wie jetzt – wir haben ihn der EU zu verdanken. Der Tatsache, dass die europäischen Staaten nach dem Zweiten Weltkrieg das größte Friedensprojekt der Geschichte begründeten. Doch EU-Länder sind sehr wohl in militärische Konflikte außerhalb der Europäischen Union involviert. Und noch immer haben nicht alle Mitgliedsstaaten begriffen, wie wichtig Zusammenhalt ist.

Politiker schüren Ängste und Hass vor dem Fremden und missbrauchen Religion zum Stimmenfang. Kann die Politik sich überhaupt noch durchsetzen, ohne die Schuld für Missstände irgendeinem Sündenbock zuzuschieben?

Diesmal wird es kein Hitler sein, der kommt. Aber irgendjemand anderer, der den Unmut der Menschen ausnützt, irgendjemand anderer, auf den zu viele hereinfallen.

Einem jungen Menschen, der heute vom Zweiten Weltkrieg hört, muss diese Zeit wahnsinnig lange her erscheinen. Ich kann es verstehen. Auch ich habe mich in der Schule nicht dafür begeistern können, Informationen zum Leben des Thronfolgers Franz Ferdinand auswendig zu lernen. Oder irgendwelche Jahreszahlen zur Herrschaft von Maria Theresia. Wir haben alles brav notiert und im Grunde trotzdem nichts darüber gewusst. Für mich aber ist der Krieg nicht lange her. Diese Zeit war in meinem Leben! Ich fände es wichtig, dass die Menschen einen Begriff bekommen – von österreichischer Geschichte und ihren Auswirkungen in der Gegenwart. Dabei geht es nicht um trockene Fakten. Es geht ums Fühlen.

Vielleicht kann ich es, habe ich gedacht. Vielleicht kann ich dazu beitragen, ein Gespür dafür zu vermitteln, welch zerbrechliches und kostbares Gut der Frieden ist. Dass der Wohlstand, in dem wir leben, nicht selbstverständlich ist. Vielleicht kann ich verdeutlichen, dass es in der Politik mehr braucht als Äußerlichkeiten und schöne Worte. Und dass es unglaublich wichtig ist, hinzuhören und hinzuschauen. Denn ich fürchte mich davor, dass wieder Krieg kommen könnte. Keiner, den ich noch erleben werde. Aber einer, der die nachfolgenden Generationen trifft.

DANKSAGUNG

Ich danke Gertrude Pressburger für ihr Vertrauen und ihre Freundschaft.

Dem Team des Zsolnay Verlags, insbesondere Bettina Wörgötter, für die ausgezeichnete Zusammenarbeit.

Christine Höfer für ihre großartige Unterstützung des Projektes.

Danke für die Hilfe bei der Verlagssuche an: Gerlinde Wallner und Boro Petric, Eva Maria Bachinger, Klaus Schwertner und Wolfgang Huber-Lang. Für ihre Unterstützung rund um meine Projekte im vergangenen Jahr danke ich Birgit Peter. Bei Kornelija Ajlec bedanke ich mich für historische Auskünfte zu Ljubljana und Rijeka während des Zweiten Weltkriegs. Mein Dank für die Umschlag-Fotos gilt Lukas Beck. Fürs aufmerksame Vorab-Lesen bedanke ich mich bei: Gerlinde Wallner, Christine und Christian Höfer, Elisabeth Groihofer-Steidl und Leonie Groihofer.

Großer Dank gilt meiner Familie und meinen Freundinnen und Freunden.

Marlene Groihofer

Oliver Rathkolb

AN MORGEN DENKEN

Schon nach wenigen Seiten der Lektüre von Gertrude Pressburgers Erinnerungen ist klar, wie intensiv die Leserin, der Leser von den Schilderungen des Erlebten und der emotionalen Authentizität der Autorin in den Bann gezogen werden. Die qualvolle Verfolgung durch das NS-Regime, die Ermordung ihrer Familienangehörigen und das schmerzhafte Verschweigen, Verdrehen und permanente Relativieren dieser Verbrechen sowie der Kollaboration in Österreich werden darin nicht als kalte Geschichte erzählt, sondern als Teil der Gegenwart, die uns alle angeht.

Wie hoch ihre moralische Reputation anzusiedeln ist, hat »Frau Gertrude« im Bundespräsidentschaftswahlkampf im November 2016 bewiesen, als ein Videoclip 3,7 Millionen Mal angeklickt und auf Facebook geteilt wurde. Die damals 89-jährige Frau hatte es gewagt, die aggressive Wahlkampfrhetorik der FPÖ zu verurteilen – ohne Norbert Hofer namentlich zu erwähnen – und zur Wahl von Alexander Van der Bellen aufzurufen. Sie fürchtete eine Rückkehr der unversöhnlichen Konflikte der Zwischenkriegszeit und eine Destabilisierung der parlamentarischen Demokratie durch einen autoritär agierenden Bundespräsidenten. Vonseiten der FPÖ und deren Aktivisten sah sie sich daraufhin einer üblen Kampagne ausgeliefert; die positive internationale Resonanz auf Gertrude Pressburgers Worte wiederum war überwältigend. Dieser Warnruf einer Zeitzeugin, die die Aggressivität und alltägliche Gewalt der Zwischenkriegszeit ebenso erlebt hat wie das Inferno von Auschwitz, hat bei vielen – gerade auch jungen Menschen – Betroffenheit und Nachdenklichkeit über die Folgen aggressiver politischer Rhetorik ausgelöst. Die emotionale Stärke dieser Botschaft wird aber von der Persönlichkeit der Holocaustüberlebenden Gertrude Pressburger getragen.

Erst nach dem »Anschluss« 1938 erfährt die damals zehnjährige Gertrude Pressburger, dass ihre beiden Brüder und sie selbst jüdischer Herkunft sind. Auf Wunsch ihres Vaters waren sie katholisch getauft worden. Nach der abenteuerlichen Flucht der Familie über Jugoslawien ins faschistische Italien werden die Eltern und die Kinder nach dem Einmarsch der deutschen Wehrmacht vom Gardasee ins Vernichtungslager Auschwitz deportiert. Wie viele Überlebende der Shoah hat Gertrude Pressburger jahrzehntelang gebraucht, ehe sie sich überhaupt imstande sah, über ihre traumatischen Erfahrungen zu sprechen. Es dauert fast dreißig Jahre, bis sie Anfang der 1970er Jahre erstmals mit einer Geschichtsstudentin über den Mord an ihrer Familie spricht, später folgen Gespräche mit ihrer Tochter.

Anfang 2016 erzählt sie ihre Geschichte erstmals öffentlich, in einem Radioporträt von Marlene Groihofer für radio klassik Stephansdom. Nun hat die Journalistin Gertrude Pressburgers Erinnerungen aufgezeichnet und subtil verschriftlicht. Es ist von großer Bedeutung, dass diese in der Gegenwart ansetzen und sie allmählich in die Zeit der traumatischen Erfahrungen von Flucht und Verfolgung zurückversetzen. Damit wird auch deutlich, dass Flucht und Vertreibung zentrale Themen der Gegenwart sind und keineswegs nur auf die Zeit des NS-Terrors in Europa beschränkte Entwicklungen.

Noch heute kann und will Gertrude Pressburger Erinne-
rungsorte ihrer frühen Kindheit vor 1938, wie die Volksschule
am Khleslplatz in Wien-Altmannsdorf, nicht besuchen. 1937
bereits war ihre Mutter Opfer eines antisemitisch motivier-
ten Übergriffs geworden – ein Nachbar attackierte sie mit
einer gusseisernen Pfanne vor der Gemeindebauwohnung.
Erfahrungen wie diese sollen durch Besuche nicht wieder
aufgewühlt werden.

Gertrude Pressburger gelingt es, ein vielschichtiges und
lebendiges Porträt einer Wiener Familie zu zeichnen, das
Bild einer Familie, die mit ausgeprägter emotionaler Nähe
zueinander extreme Belastungen bewältigt. Hier wird auch
gleich die Absurdität des antisemitischen Klischees vom
»reichen Juden« sichtbar, denn nur eine kleine Minderheit
gehörte der finanziellen Oberschicht an, und die Pressburgers zählten nicht dazu. Unmittelbar nach dem »Anschluss«
beginnt der nationalsozialistische Terror: Der Vater, von Be-
ruf Kunsttischler, wird verhaftet und im Gestapo-Haupt-
quartier im Hotel Metropol am Morzinplatz brutal gefoltert;
Gertrude und ihre beiden Brüder werden drangsaliert und
beschimpft …

Am Beispiel von Details aus dem Alltag schafft es Gertrude Pressburger, die erzwungene Ausreise nach Jugoslawien und die Wege der Emigration ins Bewusstsein zu rufen,
die sie 1939 weiter nach Triest, Mailand und Padua führen,
wo Juden noch nicht verfolgt werden. Dieser alles andere
denn stabile Zustand endet nach der Absetzung Mussolinis
und der Besetzung Italiens durch die deutsche Wehrmacht.
Auf einem Wehrmachts-Lkw beginnt für die Familie Pressburger eine unvorstellbare Tortur, die sie am 10. April 1944
nach Auschwitz-Birkenau führt. Gertrude wird dort sofort

von ihrer Familie getrennt. Und auf der Suche nach ihrer Familie erfährt sie rasch: »Siehst du den Rauch dort drüben? […] Die Menschen, die auf dem Lastwagen waren – sie sind alle schon vergast und verbrannt worden.«

An dieser Stelle bricht die Erzählung ab – wir erfahren vorerst nichts von den psychischen Verwundungen, die die Nachricht von der Ermordung ihrer Familie bei Gertrude Pressburger ausgelöst hat. Aber gerade dieses Schweigen ist es, das uns heute einen Hauch von Ahnung davon gibt, was der Holocaust letztlich bedeutet.

Doch nimmt sie all ihre Kraft zusammen und erzählt weiter, von einem Sturz und zwei Tagen Tiefschlaf, von der Rettung durch die Solidarität der älteren Frauen, die bei den Zählappellen ihre Häftlingsnummer schreien. In der Folge berichtet sie exakt und fast wie eine unbeteiligte Chronistin vom Schicksal der weiblichen Häftlinge. Wiederholt bricht nicht nur der menschenverachtende Häftlingsalltag mit Hunger, Zwangsarbeit und Kälte durch, sondern auch der individuelle, nicht mehr anonyme Mord – zuerst die Vergasung des ihr bekannten Mädchens Inge aus Wien und dann die kaltblütige Hinrichtung von deren Mutter, die nicht mehr weiterleben wollte.

Beeindruckend und nachdenklich zugleich berichtet Gertrude Pressburger von der Solidarität unter den Frauen im Lager. Nach eigenen Worten hat sie im Alter von »siebzehn Jahren […] aufgehört, an morgen zu denken«. Sie überlebt auch, weil sie als sogenannte »Läuferin«, als »Elite-Häftling« eingestuft wird, meldete sich aber letztlich illegal zur Arbeit in einer Glühlampen-Fabrik von Philips, um dem Lager-Wahnsinn zu entkommen – ein sehr gefährlicher Entschluss.

Tief beeindruckt hat mich Gertrude Pressburgers Schilde-
rung der Nachkriegszeit. Häufig enden die Berichte über die
Lager mit der Befreiung 1945, seltener lassen sie sich auf die
Langzeitfolgen und die Nachkriegszeit ein. Die Folgen des
Nationalsozialismus und des Holocaust wirken bis herauf in
die Gegenwart unserer Gesellschaft nach, und in diesem
Sinne gibt es auch keine Stunde null 1945, wie viele Menschen glauben. Zahlreiche Einstellungsmuster und ideolo-
gische Vorstellungen, die den Nationalsozialismus bestimmten, wirkten tief in die Nachkriegsgesellschaft hinein. Genau
diese Kontinuitäten zeigt Frau Pressburger an konkreten Bei-
spielen auf.

Nach einer ersten physischen Regeneration in Schweden
trifft Gertrude Pressburger dort auch auf den Landsmann
und Exilanten Bruno Kreisky. Seine Aktivitäten mit der
Österreichischen Vereinigung in Schweden ermöglichen ihr
den Kontakt zu einer Verwandten. Bis heute wird den Leis-
tungen des österreichischen Exils nicht der gebührende An-
teil an der Nachkriegserzählung zugemessen. Dieses Buch
leistet dazu einen wichtigen Beitrag.

Auch in diesem Kapitel werden die Schwierigkeiten des
Alltags – vermischt mit der Hoffnung, dass der Vater überlebt hat – in ungewöhnlich klarer und gleichzeitig emotio-
nal positiv aufgeladener Form präsentiert, sodass man nicht
aufhören kann, weiterzulesen. Es entstehen wiederum Bilder, die erahnen lassen, wie tief die Traumata nachwirken.
An Tuberkulose erkrankt, erleidet Gertrude Pressburger im
Krankenhaus einen Nervenzusammenbruch, als ihr aus Italien ein Paket mit Familienfotos zugestellt wird.

Obwohl Bruno Kreisky sie vor der Rückkehr in das zerstörte Wien warnt, lässt Gertrude Pressburger sich von ihm

nicht abhalten. Fristgerecht erhält sie von Kreisky bis 31. März 1947 sämtliche notwendigen Reisedokumente. Wien ist ihr zwar fremd geworden, aber der Empfang durch ihre Tante Elsa und ihren Onkel geben letztlich den Ausschlag, hierzubleiben. Es sollte eine verfeindete Wiederkehr werden, wie die Überschrift »Wien, das Feindesland« signalisiert. Die starre Bürokratie hinterlässt weitere tiefe seelische Wunden. Den Kampf gegen den alltäglichen Rassismus und die Konflikte mit ehemaligen Nationalsozialisten nimmt sie selbstbewusst auf.

Schonungslos zeigt Gertrude Pressburger die unverändert starke Nazifizierung der Gesellschaft und bietet eine Gegenfolie zum erneut erstarkenden Wiederaufbaumythos und der Metapher von Leopold Figls »Österreich ist frei«. Gertrude Pressburger und mit ihr viele andere Remigranten waren über Jahrzehnte nämlich keineswegs frei. Das sollte nicht vergessen werden.

Univ.-Prof. DDr. Oliver Rathkolb, geboren 1955 in Wien, ist Vorstand des Instituts für Zeitgeschichte der Universität Wien.

INHALT

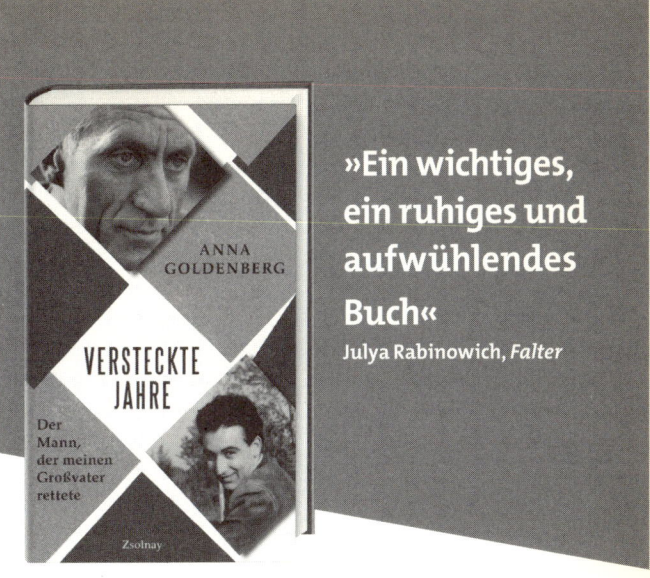

»Ein wichtiges, ein ruhiges und aufwühlendes Buch«

Julya Rabinowich, *Falter*

Wien–Leopoldstadt, September 1942: Hansis Eltern und sein jüngerer Bruder müssen ins Sammellager, um nach Theresienstadt umgesiedelt zu werden. Gleichzeitig verlässt der 17-jährige Hansi das Haus. Im Flur nimmt er den gelben Stern ab, steigt in die Straßenbahn und fährt zum Kinderarzt Josef Feldner. Seine Familie wird Hansi nie mehr wiedersehen. Bis zum Ende des Krieges versteckt und versorgt »Pepi« den jungen Mann. Auch später bleibt Hansi mit seinem Retter verbunden. Hans' Enkelin, Anna Goldenberg, die Enkelin von Hans und Helga Feldner-Bustin, rekonstruiert diese singuläre Familiengeschichte als große Reportage und als Porträt eines Helden, der nie einer sein wollte.

192 Seiten. Gebunden
Auch als E-Book erhältlich. zsolnay.at